Él solo me enseñó a orar

La oración es más que una conversación con Dios, es una
forma de vida que Cristo modeló para nosotros

A L E X   M .   H U R T A D O   R A C I N E S

WESTBOW
P R E S S®
A DIVISION OF THOMAS NELSON
& ZONDERVAN

Puede hacer pedidos de libros de WestBow Press en librerías o poniéndose en contacto con:

WestBow Press
A Division of Thomas Nelson & Zondervan
1663 Liberty Drive
Bloomington, IN 47403
www.westbowpress.com
844-714-3454

ISBN: 978-1-6642-0665-6 (tapa blanda)
ISBN: 978-1-6642-0667-0 (tapa dura)
ISBN: 978-1-6642-0666-3 (libro electrónico)

Número de Control de la Biblioteca del Congreso: 2020918668

Información sobre impresión disponible en la última página.

Fecha de revisión de WestBow Press: 11/27/2020

Contenido

Introducción

La mayoría de cristianos considera que orar es una más entre las actividades propias de quienes viven de acuerdo a lo que dicta su religión. Estos creyentes saben que la oración es una disciplina importante, le han designado un lugar y una forma: al salir de casa, antes de consumir alimentos, antes de ir a descansar en la noche. Además, usan palabras que se juntan para comunicar un pensamiento, muchas veces emitidas sin un destinatario cierto o, como si fuera un monólogo, ellos se convierten en emisores y receptores simultáneos de su propio mensaje. Mucho se ha escrito sobre la disciplina de la oración, otros han llegado a considerar las formas. Sin embargo, es mucho más que eso: la oración es una forma de vida y Jesús la modeló maravillosamente. En tiempo es constante, en forma es integral, no solo contiene palabras, también hay silencios profundos y expresiones corporales, hay sensaciones internas y externas ante la presencia manifiesta de Dios. Sus lugares son variados, son todos aquellos escenarios en los que se presenta la vida. La vida de oración comienza cuando despiertas y continúa durante el día, se acentúa en la noche y emerge con fuerza en la madrugada, aun en sueños estas viviendo la oración: oras dormido.

La oración, como forma de vida, se aprende. Su aprendizaje se da a través de lo cotidiano, al interactuar con personas y circunstancias, al percibir el mundo material y el espiritual que nos rodean, al recibir del Espíritu Santo su dirección y su aliento, al caminar en certezas y convicciones, al vislumbrar la palabra de Dios edificando nuestra vida, saber que somos sus hijos por una sentencia de adopción, y al comportarnos como tales, al pedir con nuestras manos levantadas al cielo y recibir las misericordias de Dios. Se aprende a orar en el contacto con la multitud pero, sobre todo, cuando estás a solas: en la intimidad es cuando más posibilidades tiene el

Espíritu Santo de impartir sobre nosotros su virtud, ese poder que sana, que santifica, que transforma y que ofrece un futuro maravilloso.

Pero la oración también se modela cuando agradamos a Dios y bendecimos al prójimo, cuando vivimos de certezas y convicciones, cuando nuestra alma desborda el conocimiento pleno de quién es Dios y cómo actúa, cuando nos relacionamos con Dios como lo hacían Abraham, Moisés, Josué, David, entre otros; cuando somos hombres y mujeres que obramos en justicia al entender quiénes somos y aprendemos a actuar acorde a nuestra identidad; cuando modelamos la humildad que se somete a Dios y no a los hombres, cuando el Espíritu Santo es nuestro amigo y cuando hemos encontrado en nuestra petición el mecanismo para atraer el Reino de los Cielos a la Tierra. La gente nos mira y nos percibe diferente, y nos dice "Enséñanos a orar". Entonces nos convertimos en maestros del modelo de vida de oración que aprendimos del Maestro, la modelamos cuando llevamos mucho fruto que no se puede guardar en bodegas o en bancos, pero se está tomando en cuenta en el cielo para cuando recibamos la recompensa eterna.

Así modelaba Jesús, consistentemente, su vida de oración y sus discípulos entendieron que su oración era la fuente de su autoridad y poder sobrenatural, de esta clara percepción parte el pedido de los discípulos a Jesús: **"Enséñanos a orar"** *(Lucas 11:1 RVR1960)*. Este parecería un pedido inusual para hombres que habían nacido en la cultura judía y, por tanto, desde muy pequeños se relacionaron con la Torá y con la disciplina religiosa. Pero esos ruegos se explican porque ellos nunca habían experimentado las respuestas inmediatas de Dios, como las que se obtienen en la vida de oración que Jesús nos vino a enseñar. Los discípulos habían conocido la oración a través de las enseñanzas de los fariseos, los saduceos, los maestros de la Ley y los sacerdotes, pero, ninguno de estos les bridaban nada parecido a la vida de oración que vieron en Cristo. En la estructura de la nación, desde el Sumo Sacerdote hasta el último de los porteros del templo, tenían su manera orar, pero ese conocimiento era irrelevante para los discípulos, en especial cuando ellos comparaban las vidas de unos y Otro; el modelo tradicional vivido hasta ese momento había fracasado y se imponía un cambio con el fin de obtener los resultados asombrosos que ellos veían en la vida de Jesús; por eso, por lo novedoso, por el poder que generaba, por la autoridad con la que hablaba, por la paz en que vivía, le suplicaron: "Enséñanos a orar".

Con el vértigo con que se mueven nuestras vidas, ocuparse de la oración parece irrelevante, pensamos que es tarea de los líderes religiosos y pastores que sirven a Dios a tiempo completo; sin embargo, la verdad es que la vida de oración está disponible para todos nosotros. Y no solo eso, sino que es imprescindible para quienes se consideran cristianos.

Él solo me enseñó a orar, es un compendio de enseñanza y experiencias que abarcan 20 años de mi vida dedicados a la oración. No soy un pastor investido por las formas convencionales, no soy un religioso que recibo una remuneración de una organización o iglesia; soy un hombre común, tengo una actividad económica como muchos otros, a través de la cual recibo la provisión abundante de Dios que me permite sustentar a mi familia y compartir con otras personas parte de lo que recibo. Sí, soy un hombre a quien el Espíritu Santo de Dios sedujo para que entrara en una relación íntima, permanente con Él; entré en una vida dedicada a Él en todo momento —desde que amanece hasta que anochece, y durante el día también, descanso íntegramente en el Espíritu Santo—. Durante estos años, el Señor ha tratado conmigo de forma personal, y he podido florecer y dar frutos que no habría soñado nunca; he recibido mi alimento espiritual diario en la cantidad suficiente para saciar mi hambre espiritual y para aportar a la alimentación de quienes me rodean.

Lo maravilloso de la vida de oración —y el gozo de vivir así— me impulsaron a compartir con ustedes estos siete principios de la vida de oración (que atesoro). Están relacionados entre sí, todos se construyen paralelamente de forma armoniosa bajo el cuidado y la dirección del amado Espíritu Santo. El libro está repleto de citas bíblicas que apuntalan los principios, de tal manera que se pueda considerar un libro de espiritualidad y no de psicología.

Hice la última revisión de esta páginas durante el confinamiento que en mi ciudad se decretó debido la pandemia de COVID-19 (que, vale decirlo, está afectando al mundo de manera radical). Hace siete semanas iniciamos un encierro que aún no termina. No sabemos el mundo que vamos a encontrar; sin embargo, este libro cobra hoy más sentido que nunca: la vida de oración será la que nos lleve de victoria en victoria, en el nuevo mundo que vendrá cuando la violencia de la pandemia haya aplacado su camino de enfermedad y muerte. Quien ora se prepara además para afrontar los últimos tiempos, cuyo desenlace se acerca vertiginosamente.

Capítulo 1
LA INTIMIDAD Y LA ORACIÓN

Creados para la intimidad

El origen de la humanidad partió del acuerdo entre Padre, Hijo y Espíritu Santo, y se registró en la Biblia con estas palabras: **"Hagamos al hombre a nuestra imagen conforme a nuestra semejanza."** **(Génesis 1:26 RVR1960)**. En el capítulo dos se describe cómo se ejecutó el proyecto: formaron al hombre del polvo de la tierra, soplaron en su nariz y le infundieron aliento de vida. Delante de Dios, el primer hombre cobró vida, fue un ser creado para intimidad y que tenía semejanza con Dios. Entre las características que imprimió Dios en esta criatura estaba el anhelo de intimidad. El mismo anhelo que existe entre los miembros de la Trinidad estaba impreso en esta magnífica criatura: el anhelo de intimidad con Dios. El deseo constante de estar cerca de Dios se impregnó en la esencia humana y este nos mantiene en la búsqueda constante de lo supremo. Por lo dicho, podemos afirmar enfáticamente que fuimos creados para la intimidad. Al famoso matemático y filósofo Blaise Pascal, quien vivió en el siglo XVII, se le atribuye la siguiente frase: "En el corazón de todo hombre existe un vacío que tiene la forma de Dios."

Según el relato del Génesis, el huerto del Edén era el hogar de Dios y el hombre. Coexistían en una íntima relación cotidiana de interacción permanente. Adán conversaba con Dios como un hijo habla con su padre, de manera familiar, los diálogos eran fluidos y compartían actividades juntos. Cuando se hizo notorio para Adán que los seres que había nombrado tenían su pareja y él no, entonces Dios lo puso a dormir y de la costilla de Adán formó a la mujer que se convertiría en su compañera y a quien el mismo Adán le puso el nombre de Eva.

La intimidad y cercanía de la pareja reflejaría aquella existente entre los miembros de la Trinidad. La intimidad entre la pareja era profunda no solo porque podían fundirse en uno solo para procrear, sino que la mujer fue creada del costado del varón. Esta es la concepción de Dios sobre la intimidad, la de fusionar dos seres en uno. Adán comprendió el vínculo profundo entre él y su mujer, carne de su propia carne. Nada más íntimo en la creación en ese momento que la pareja humana. Así creada la pareja, vivían en intimidad entre ellos y en intimidad con Dios, al punto que caminaban en el huerto ante la presencia de Dios y compartían tiempos y conversaciones. Esto nos permite comprender dos cosas: que Dios plantó el anhelo de intimidad en el ser humano y que, para disfrutar de la intimidad, Dios hacía manifiesta su presencia con el propósito que el ser humano la pudiese percibir. Sin esa presencia manifiesta, no estaríamos hablando de intimidad.

Lastimosamente, esta maravillosa intimidad se rompió cuando la pareja, creyendo las mentiras de Satanás, comió del fruto del árbol del conocimiento del bien y del mal, por lo que fue desterrada del hogar para siempre, sin posibilidades de retornar. Adán y Eva comenzaron a experimentar la vida fuera de la presencia manifiesta de Dios, fuera de la intimidad con Él; el sufrimiento que esto acarreó fue terrible. Entonces Dios estableció el mecanismo para restablecer de manera periódica la relación mediante el sacrificio de animales (sin sangre, no habría remisión de pecados). Adicionalmente estableció un plan a largo plazo para restaurar totalmente esa intimidad perdida. En adelante, la presencia de Dios se manifestaría ocasionalmente con propósitos específicos a hombres y mujeres en distintas épocas de la historia. Sin embargo, el anhelo de intimidad se mantuvo latente, tanto en el corazón de Dios como en el del ser humano. Los episodios relatados en el Antiguo Testamento, como los de Abraham, Isaac, Jacob, Moisés, etc., nos muestran a un Dios comprometido con enmendar la distancia generada por la desobediencia y recuperar esa intimidad permanente que se había perdido.

Finalmente, en el despliegue más grande de amor y generosidad, Jesucristo, el Hijo de Dios, ejecutó el plan maestro para restaurar totalmente la intimidad perdida. El Dios hecho hombre irrumpe en la historia de la humanidad para hacer su morada terrenal con el ser humano por 33 años, compartiendo con sus discípulos de manera continua los últimos años de su vida y ministerio, en un ambiente de amor e intimidad. El apóstol Pablo, en su Carta a los filipenses, resume claramente la historia de Jesús y su tarea: **"…el cual, siendo en forma de Dios, no estimó el ser igual a Dios como cosa a que aferrarse, sino que se despojó a sí mismo, tomando forma de siervo, hecho semejante a los hombres; y estando en la condición de hombre, se humilló a sí mismo, haciéndose obediente hasta la muerte, y muerte de cruz." (Filipenses 2:6-8 RVR1960).** Él acortó la distancia establecida por el pecado, la misma que impedía la intimidad continua y permanente entre Dios y la humanidad.

Jesucristo, en su estancia en la tierra, modeló para sus discípulos una vida de intimidad con su Padre, para que ellos y todos nosotros pudiésemos seguir dicho modelo **"Cuando Jesús hubo tomado el vinagre, dijo: _Consumado es_. Y habiendo inclinado la cabeza, entregó el espíritu." (Juan 19:30 RVR1960).** Un instante antes de morir, exclamó la sentencia por la cual estableció que el plan para restaurar la intimidad plena entre Dios y el ser humano se había cumplido cabalmente. A partir de ese momento, el acceso a ella está garantizado por su sangre; nuestro estatus cambió radicalmente: de ser criaturas de Dios a ser sus hijos, de ser enemigos de Dios a ser íntimos de Él. El decreto de nuestra adopción había sido firmado y ejecutado con la sangre del cordero de Dios. El primer día de la semana, habiendo resucitado de los muertos y en su camino al cielo a recibir su corona, manifestó con gran gozo. **"mas ve a mis hermanos, y diles: _Subo a mi Padre y a vuestro Padre, a mi Dios y a vuestro Dios_." (Juan 20:17 RVR1960).** Me gusta la forma en que dijo "Vuestro padre". La posibilidad de la intimidad perfecta del Huerto del Edén fue restaurada y la posible paternidad de Dios para con nosotros restablecida y con ella, la posibilidad de relacionarnos con Dios de manera íntima.

Debemos estar muy claros en que para el ser humano el restablecimiento de la intimidad con Dios es y será algo imposible de alcanzar por sí mismo. Jesucristo se la ofrece de manera gratuita, como un regalo de Dios, sin que esto signifique que no haya sido pagado un precio. El precio lo pagó Él, al derramar su sangre en aquella cruz en el monte Calvario, un altísimo precio pagado para restablecer la intimidad con el ser humano. Así Dios le puso fin a la distancia insalvable. La resurrección de Cristo confirmó lo dicho: el pecado es un enemigo vencido y la paternidad de Dios es una opción para aquel que decide aceptarla, desde ahora y por la eternidad.

Descubrimiento de la intimidad con Dios (el caso del rey David)

En el tema de la intimidad, el personaje del Antiguo Testamento que resplandece con luz propia es el rey David. No le llamaremos simplemente David, porque al mencionar su nombre nos viene a la mente el adolescente que enfrentó y venció al gigante Goliat. El episodio en cuestión fue relevante para su vida y la de la nación, sin embargo, en la vida de este rey hay mucha más riqueza. Para David, llegar al trono de Israel no fue fácil como para cualquier joven príncipe que recibe su corona en un día de fiesta. Recordemos que, desde el momento en que él fue ungido por Samuel, hasta el día de su coronación, transcurrieron veinticinco años. Estos años estuvieron marcados por la implacable persecución de Saúl y sus tropas, a pesar de lo cual, David no renunció ni perdió la perspectiva. Le llamamos *rey* porque mientras esperó por la corona desarrolló un carácter humilde ante Dios; se equivocó, lo aceptó, lo confesó y continuó. Nos referiremos a él como *rey* porque desarrolló un liderazgo compartido con Dios, tomando en cuenta la voluntad de Dios en sus decisiones. Por último, y no por eso lo menos importante, David nos enseña a ser un anfitrión de la presencia de Dios, ya que el rey David atesoró el Espíritu de Dios que reposó sobre él. Por esto Dios mismo catalogó a David como un hombre a la medida de su corazón, un hombre íntimo de Dios. Desde que era un adolescente a cargo del rebaño de su padre, hasta el día en que murió, él cantaba a Dios, y Dios le concedió la fuerza para derrotar a osos y leones, enemigos y gigantes, y la fuerza para vencerse a sí mismo.

Sin miedo a equivocarnos, podemos afirmar que el rey David amaba a Dios y lo consideraba como la persona más importante en su vida y en la de su nación. En el Salmo 27 se refleja el anhelo de intimidad que existía en su interior: **"Una cosa he demandado a Jehová, ésta buscaré; que esté yo en la casa de Jehová todos los días de mi vida, para contemplar la hermosura de Jehová, y para inquirir en su templo." (Salmos 27:4 RVR1960)**. En la Biblia, podemos leer lo que rey David recomendaba tomar en cuenta:

1. Solamente un hombre a la medida del corazón de Dios demanda de Él intimidad. El rey David era un estadista, un guerrero, un padre de familia, entre otras cosas. Si es que algo debía demandar de Dios podría ser protección para su vida en medio de todos sus conflictos, o sabiduría para gobernar a la nación que Dios levantó de los lomos de Abraham, Isaac y Jacob (Israel), o inteligencia para dirigir a su casa. Sin embargo, este rey –David– demandó de Dios la posibilidad de estar en su presencia de forma permanente, todos los días de su vida. ¿Existe en tu corazón el anhelo de intimidad al punto de demandarla de Dios? Es un clamor. Dicho en forma poética, es un gemido.

2. Solamente un hombre a la medida del corazón de Dios se compromete a buscar, decididamente, lo mismo que demanda de Él: la presencia continua, la cercanía, la intimidad con Él. Al parecer, esta característica del rey David está ligada íntimamente con la posibilidad de que Dios le conceda lo que demanda. Podemos concluir, mirando en retrospectiva la vida del rey David, que el favor de Dios está estrechamente vinculado con la búsqueda de Dios. Uno de los grandes desafíos que plantea Jesús es buscar a Dios. El Hijo manifiesta que si buscamos al Padre lo hallaremos. ¿Estás dispuesto y comprometido con Dios a buscar la intimidad con él, de forma permanente?

3. La intimidad entre Dios y el rey David no estaba ligada solamente a las victorias, sino, también a las derrotas. En la victoria y en la derrota, en la salud y en la enfermedad, en la tristeza y en la alegría, el anhelo del rey era estar con Dios. En un momento difícil, cuando sus soldados y amigos se ponen en su contra, David espera la respuesta de Dios antes de moverse. ¿Te provoca estar con Dios cuando estás alegre y cuando estás triste, en la bendición y en la prueba?

4. El rey David también expresa las razones por las cuales demanda y busca la presencia de Dios y la intimidad con Él: "**Para contemplar su hermosura** " y " **Para inquirir en su templo**".

Contemplar la hermosura de Dios. La acción de contemplar a alguien produce sentimientos y sensaciones agradables. Me sucede cuando contemplo a mi hija, Ana Manuela, de pie junto a la puerta de su habitación, la miro y paso un buen tiempo en esa actitud mientras ella estudia, mientras duerme, mientras juega, repaso los detalles de su rostro, sus gestos, sus risas, sus miradas; entonces, sin una razón aparente, corren lágrimas por mis mejillas. Esos momentos son de contemplación y mi corazón se llena de gozo y gratitud por su vida. De la misma manera, para el rey David los tiempos de intimidad con Dios eran tiempos de contemplación en los que percibía la hermosura de Dios mientras cantaba, mientras meditaba, a solas los dos. Todo un cúmulo de emociones se generan en la contemplación a Dios: alegría, gozo, tristeza, gratitud. El rey David recoge esta experiencia humana para explicar el anhelo de intimidad con Dios que tenía su corazón. Contemplar a Dios te eleva a otra dimensión.

El segundo objetivo del rey David para estar de continuo en la presencia de Dios era **inquirir, preguntar, aprender.** Como no puede ser de otra manera, mientras nosotros contemplamos su hermosura y nos deleitamos en ella, Dios se revela en dimensiones no conocidas antes por nosotros. Tomemos en cuenta que Dios está en todas partes, esa es una característica de su deidad; sin embargo, en algunos momentos y en algunos lugares esa presencia se manifiesta para que nosotros la percibamos, sea en nuestra carne o en nuestro espíritu, sea en los momentos personales o de forma corporativa o congregacional. Durante la vida del rey David, esta manifestación de la presencia de Dios era una constante y en estos momentos David descubrió que de aquella presencia emanaba revelación. La escena que me viene a la mente es la de un manantial del que brota abundante agua fresca. El rey David encontraba en la revelación de Dios las estrategias, los consejos, y la dirección en su vida. Sus equivocaciones se dieron cuando usó su propia prudencia, entonces le fue muy mal. Mientras que el rey Saul consultaba a una bruja, David consultaba a Dios. El rey Salomón, hijo de David, recomienda lo siguiente: **"Fíate de Jehová de todo tu corazón, y no te apoyes en tu propia prudencia" (Proverbios 3:5 RVR1960).** Impartición para nuestro ser, revelación para nuestra vida. Esto es lo que David encontraba como resultado de su búsqueda de presencia e intimidad, es la forma integral con que Dios trata nuestro ser.

Sin duda que las personas más emocionales estaríamos satisfechos con la impartición que encontramos en la presencia de Dios, mientras que los más cerebrales estaríamos satisfechos con la revelación. Sin embargo, en la relación del rey David con Dios encontraba más que esto y nos lo dice así: **"Porque él me esconderá en su tabernáculo en el día del mal; me ocultará en lo reservado de su morada; Sobre una roca me pondrá en alto." (Salmos 27:5 RVR1960).** Todos hemos tenidos días malos. *Trágame tierra* es una expresión común cuando las cosas salen mal y estamos a punto de ser avergonzados y humillados.

El rey David descubrió la disposición del corazón de Dios de actuar en estos momentos a nuestro favor, en ese día en que somos abrumados por las circunstancias, en que el enemigo cierra los caminos por los cuales podemos huir, en ese mismo momento en que la desesperación hace presa de nuestra alma, ahí Dios nos levanta y **nos esconde en su tabernáculo.** El Tabernáculo es el lugar de su presencia, en donde Dios depositó su gloria para que esta acompañara a su pueblo durante toda su peregrinación por el desierto y durante la conquista de la Tierra Prometida. En el tabernáculo entraba Moisés y la gloria de Dios lo cubría, era el lugar más seguro que podía encontrar. Nadie se atrevía siquiera acercarse. ¿Hemos experimentado la presencia de Dios en esa magnitud en que nada más parece importante ni trascendente? Pues ese es el momento en el que Dios nos esconde en su presencia. Es como el niño que huye de sus hermanos y se refugia en los brazos de su padre. Se acabó la persecución, aterrizamos en sitio seguro.

Luego, el rey David describe un lugar más íntimo, la morada, el aposento de Dios y, usa el adjetivo *reservado*. Nosotros invitamos a muchas personas a nuestra casa, la mayoría de ellos son libres de ocupar las áreas que denominamos *sociales*, sin embargo, al espacio íntimo, al dormitorio, solamente los miembros de la familia y los amigos cercanos pueden entrar, por la simple razón de que esos espacios son reservados. Es hermoso saber que, en el peor día de nuestra vida, nuestro Dios se ocupa de un fugitivo como tú o como yo para darnos un lugar seguro en lo íntimo y en lo reservado para Sí Mismo. Hay problemas y situaciones que no quieres compartirlos con nadie, son tan propios que no quieres que nadie los sepa; sin embargo, con Dios sí, en intimidad con Él, sí. En lo reservado, en lo secreto, solamente confío en Él; lo maravilloso es que, en esos momentos, tengo acceso al aposento mismo de Dios.

Dios es magnífico y sublime. Mientras que nuestros enemigos nos buscan para terminar con nosotros, Él nos esconde en su intimidad y, una vez recargados y listos para seguir en la lucha, Dios no nos vuelve al mismo lugar de donde nos recogió para que el enemigo de nuestra alma siga presionando nuestra desesperación; no, Él nos libera en una posición distinta de aquella que teníamos cuando nos escondió. Ahora nos sitúa en un lugar alto, en una posición de ventaja, sobre una roca donde nuestros pies están firmes. Imaginemos una escena de ciencia ficción en la que el protagonista cae en manos del enemigo y, a punto de morir, es teletransportado a un lugar seguro en el que recibe cuidados para restituir sus fuerzas, se le entregan nuevas armas y estrategias, y se lo devuelve a la batalla pero en un lugar aventajado; mientras que el enemigo siente desconcierto y frustración por haber extraviado su presa. La escena termina cuando el enemigo levanta su mirada a la montaña y encuentra a su adversario en lo alto, con sus pies firmes en la roca, ajusta los puños y vuelve a atacar, pero se da cuenta que le ha sacado ventaja.

Por último, y no por eso menos importante, el rey David establece que el fundamento de **la verdadera adoración a Dios** es su exuberante provisión: **"Y yo sacrificaré en su tabernáculo sacrificios de júbilo; cantaré y entonaré alabanzas a Jehová."** (Salmos 27:6 RVR1960). Aquí menciona nuestra primera y única respuesta posible frente al magnífico y amoroso obrar de Dios, levantar cantos y entonar alabanzas a las que denomina *sacrificio de júbilo*. Es distinto cantar a Dios cuando has experimentado su grandiosa provisión para el día malo, los cánticos que se levantan en ese momento están cargados de gratitud, de exaltación y honra, pero, sobre todo, son expresiones de amor y de una pasión que nace dentro de nuestro ser por y para Dios; son cánticos de rendición al perfecto amor de Dios, sacrificio de alabanza porque renunciamos a todo lo que se interponga –aunque nos agrade– para elevar un cántico apasionado al cielo, como cuando el fuego del sacrificio ascendía al cielo y Dios lo consideraba olor grato que provino, no del animal sacrificado, sino del corazón humilde que reconocía a Dios como única fuente del bien y de misericordia. Así sube la adoración ante el trono mismo de Dios y se une a la adoración de los ángeles y se convierte en una sinfonía agradable a Dios. Esta es la *verdadera adoración*, y se la hace en espíritu y en verdad: **"Mas la hora viene, y ahora es, cuando los verdaderos adoradores adorarán al Padre en espíritu y en verdad; porque también el Padre tales adoradores busca que le adoren."** (**Juan 4:23 RVR1960**). La verdadera adoración inicia en

Dios, fluye en nosotros y vuelve a Dios. Muchos de nuestros cánticos se generan en nosotros mismos e intentan subir al cielo, eso es religiosidad, es arrogancia; solamente la adoración que nace en el cielo y fluye en nuestra vida para volver al cielo es verdadera adoración.

La vida cristiana no es fácil, las batallas se multiplican, el nivel de complejidad se eleva, el enemigo se ensaña, pero hay provisión de Dios para afrontar cada dificultad. Esa provisión está en la presencia manifiesta de Dios, se llama *impartición y revelación*. Dios se hace cargo de ti en el día malo, te esconde en lo íntimo de su aposento, trata con tu frustración y tus heridas, te recarga y te devuelve al campo de batalla renovado; entonces, lo que fluye de nuestro interior son expresiones de gratitud, alabanza, adoración y exaltación que no son superficiales, emanadas de los labios, sino que son profundas emanaciones de nuestro interior, y se levantan hacia el cielo en sacrificio de alabanza, grato y agradable para Dios.

Jesús es el modelo de intimidad con Dios

En lo referente a la intimidad con Dios, el modelo perfecto es nuestro Señor y Salvador Jesucristo, quien en sus propias palabras dice: **"Yo y el Padre uno somos." (Juan 10:30 RVR1960).** Vaya forma de definir una experiencia que viene desde la eternidad y que perdura por la eternidad. Podemos afirmar que existe un grado de cercanía único entre el Padre y el Hijo, del cual participa también el Espíritu Santo; sin embargo, la situación en la tierra fue diferente, Jesús se despojó de su poder y autoridad, y tomó la condición de hombre y, en esa condición, tuvo que aprender a relacionarse con Dios como lo hacemos nosotros. Un constante aprendizaje para Él como para nosotros. Jesús era 100% hombre y debió experimentar lo que nosotros vivimos. La lucha por abrir un espacio a Dios en nuestras vidas fue algo que Él palpó en su propio ser.

La separación que existe entre Dios y la humanidad, una enemistad de mucho tiempo, fue generada por el pecado; a pesar de que sabemos de Dios por lo que existe, no lo reconocemos como tal, le dimos la espalda. **"[18]Pues la ira de Dios se manifiesta desde el cielo contra toda impiedad e injusticia de los hombres que con injusticia detienen la verdad. [19]Porque lo que de Dios se conoce es evidente entre ellos pues Dios hizo que fuese evidente." (Romanos 1:18-19 RVA-2015).**

Por esta razón, tener intimidad con Dios no es fácil, Jesucristo rompió la barrera que nos separaba de Dios al vencer al pecado, a la muerte y a Satanás; por su muerte nos reconcilió con el Padre, llevando nuestro pecado y recibiendo el castigo previsto para nosotros, en lo que llamamos *una muerte sustitutoria*; cumpliendo con la premisa que dice: *sin sangre no hay remisión de pecados.* Esta reconciliación, como cualquier otra, es el punto de partida para comenzar de nuevo la relación, dando pasos pequeños, entregándole tiempo y recursos, invirtiendo para que la relación se establezca, se fortalezca y avance –y todo esto en intimidad–. Es también en intimidad que desnudamos nuestro ser ante Dios y Él abre su corazón y sus brazos para acogernos. Se convierte así en el alfarero que ejecuta una obra maestra en nuestras vidas. Cada uno de nosotros podemos llegar a ser ese hombre y esa mujer que desarrolla su pleno potencial delante de la presencia manifiesta de Dios en nuestras vidas.

Por lo dicho, es importante mirar a Jesús como el modelo de la vida de oración y como modelo de intimidad con Dios. Los discípulos de Jesús se acercan a Él y le piden que les enseñe a orar. Llama la atención el pedido, pues los judíos desde muy pequeños aprenden a hacerlo. Sin embargo, el aprendizaje y los modelos de ese momento se veían obsoletos e inadecuados al compararlos con la vida de oración de Jesús, y con los resultados que obtenía. Que les enseñara a orar como Jesús lo hacía, es lo que ellos pretendían. Entonces, Jesús aprovechó para darles pautas de una vida de intimidad con el Padre, que es precisamente en lo que consiste la oración: la vida de intimidad con Dios. En el verso 6 del capítulo 6 del evangelio de Mateo, Jesús nos instruye sobre cómo tener intimidad con Dios. **"Mas tú, cuando ores, entra en tu aposento, y cerrada la puerta, ora a tu Padre que está en secreto; y tu Padre que ve en lo secreto te recompensará en público."** (Mateo 6:6 RVR1960). Es un plan de acción que, durante su vida en la tierra, le dio frutos abundantes.

EL SUJETO ("mas tú"). Jesús identifica al sujeto de las siguientes acciones. Nos habla de cada uno de nosotros en forma particular. Esto significa que la intimidad con Dios es un asunto personal; no hay la posibilidad de un tercero, ni junto ni en medio a nosotros, el sujeto eres tú y soy yo. No significa que en un momento dado podamos compartir tiempos de oración con otras personas –pero eso es otro asunto–. Enfoquémonos en lo que llamaremos *intimidad personal con Dios, tiempos con Dios*, también conocido como *El Lugar Secreto*.

EL MOMENTO ("cuando ores"). La palabra *cuando* es un adverbio de tiempo, se refiere a una medida: tantos segundos, minutos, horas, días, etc., en particular se refiere al tiempo que dedicamos para estar con Dios; según relatan los Evangelios, Jesús separaba grandes cantidades de tiempo para estar a solas con nuestro Padre. Para el efecto, dejaba a sus discípulos y se alejaba a un lugar solitario. Estos tiempos que apartaba Jesús tenían un único propósito: compartirlos con su Padre y estar en intimidad con Él, intimidad que podemos describir como su tiempo de oración, pero que en realidad eran tiempos de comunión y de unidad. Me imagino que la comunicación a través de la palabra era parte del momento, sin embargo, habrían tiempos de silencio y meditación, tiempos de quietud y de compartir; pero, adicionalmente, serían tiempos de emociones. Los relatos no establecen la cantidad de tiempo en que pasaban juntos, pero podemos asumir que era muy grande, porque en intimidad el tiempo corre, y cuando te das cuenta, han trascurrido las horas.

EL LUGAR ("en tu aposento"). Propositivamente, debemos destinar un lugar para el encuentro en el que podamos estar en intimidad sin ser interrumpidos, un lugar que se vuelva común para los encuentros con Dios, no hay mejor lugar que nuestro aposento, un sitio íntimo para cada uno de nosotros, un sitio donde nos sentimos cómodos ambos, en realidad, puede ser cualquier lugar en que podamos alejarnos de las distracciones cotidianas para compartir tiempo de calidad con Dios. Jesús usaba sobre su cabeza un manto de oración que en su lengua se conoce como *Talith* y, se traduce como "pequeño aposento", "pequeña carpa". Él colocaba el Talith sobre su cabeza y sentía que entraba en el lugar de intimidad con Dios. No era relevante el sitio geográfico en el que se encontrara, podía ser en el Huerto de los Olivos así como en la orilla del lago de Tiberíades. Jesús, alejado de toda distracción, se encontraba con nuestro Padre y el Espíritu Santo, juntos pasaba tiempos en intimidad.

LA INTIMIDAD ("cerrada la puerta"). La instrucción de Jesús es clara, no interrupciones, no intromisiones; lo que sucede en ese tiempo y en ese lugar es entre tú y Dios, nadie más debe participar; no participan las personas que nos rodean, es reservado. Esto era una norma en la vida y ministerio de Jesús a tal punto que, solamente en dos ocasiones, permitió que sus discípulos sean parte de sus tiempos con Dios. El Antiguo Testamento contiene relatos de los tiempos de intimidad de los hombres de Dios: Abraham, Jacob, Moisés, David, Salomón entre otros.

EL INTERLOCUTOR ("tu Padre"). En este punto, es muy importante que leas con atención mis palabras. El lugar y el tiempo separado para la intimidad toman relevancia únicamente por la Persona que se encuentra con nosotros. Jesús lo identifica como el Padre, dándonos una connotación de parentesco y cercanía. El encuentro filial entre el Padre y su hijo. Pero adicionalmente dice "tu Padre", con lo que señala que el Padre con quien nos encontramos en el tiempo de intimidad es NUESTRO. El Padre firmó un decreto de adopción con la sangre de Jesucristo, derramada en la cruz, por el cual declara que NOSOTROS somos sus hijos, y como tales tenemos la capacidad de acercarnos ante el trono de su gracia para hallar misericordia. Me encantan las palabras que Jesús le dice a María Magdalena, una vez que Él ha resucitado: **"…mas ve a mis hermanos, y diles: Subo a mi Padre y a vuestro Padre, a mi Dios y a vuestro Dios." (Juan 20:17 RVR1960)**. A partir de ese momento, Dios es nuestro Padre y nuestro Dios y NOSOTROS somos sus hijos. El interlocutor en nuestros tiempos de intimidad es el mismísimo Dios de los cielos y de la tierra, NUESTRO PADRE.

LA INTERACCIÓN ("ora"). Es importante establecer el significado del verbo *orar* en el sentido más amplio, que es el sentido que aplicaba Jesús en este diálogo. En nuestra cultura occidental, el sentido de la palabra se encuentra en primer término en la literalidad. Oración es un grupo de palabras que por su construcción toman sentido y forman una idea que comunica un pensamiento; en el momento en que leemos o escuchamos la palabra *oración*, a nuestra mente viene el significado literal enunciado, la construcción de un razonamiento usando palabras. Sin embargo, cuando Jesús uso la palabra *oración*, aplicó un sentido más amplio, se refirió a compartir momentos con nuestro Padre. En estos, obviamente, incluimos palabras, pero hay mucho más que palabras. En los momentos de intimidad con Dios hay también silencio, hay emociones que se traducen en expresiones corporales, hay risas y llantos, hay expresiones no verbales. En mi caso particular, cuando entro en mi lugar secreto y cierro la puerta, nadie sabe lo que pasa adentro, yo me postro y derramo mi corazón ante Él, con lágrimas, gemidos y pocas veces con palabras; levanto mi voz y lleno mi boca de gratitud por lo que hace en mi vida, en mi familia, en mi congregación, en mi ciudad y en mi país, expreso mi alabanza con palabras de exaltación en reconocimiento de quien es Él, su deidad, su poder, su santidad, su misericordia, entre muchos atributos. Levanto mis manos y mi ser muestra mi adoración con canciones y salmos en respuesta a todas las manifestaciones del amor apasionado que Él tiene para mí. Enfoco mi mirada en las páginas de la Biblia y en pocos minutos las palabras escritas saltan delante de mis ojos, penetran en mi mente y se anidad en mi corazón; una enseñanza profunda, un enigma escondido, un principio, una promesa para mí. En los tiempos que paso con mi Padre, yo me deleito en Él y Él se deleita en mí, como se deleitaba en su hijo Jesucristo, mi hermano mayor. Así se desborda la pasión que Él tiene por mí y la que Él genera en mí. Las posibilidades de lo que suceda en ese momento se multiplican por la capacidad de Dios de improvisar y las múltiples facetas de su ser: Padre, esposo, amigo, hermano, consolador, guía, consejero, médico, etc. No hay forma de aburrirse; Por tanto, debemos despojarnos del concepto de la palabra oración, que es exclusivamente literal, y abrazar el concepto pleno de oración como tiempos de intimidad.

LA RECOMPENSA ("tu Padre [...] te recompensará"). Moisés entraba en el Tabernáculo para estar con Dios y pasaba mucho tiempo con Él; consideremos que el servicio a Dios que requería de la presencia permanente delante de Él le correspondió a Aarón, hermano en Moisés, pero Moisés entendió que sus necesidades podían ser satisfechas solamente por Dios y en su presencia. Cuando salía de allí, su rostro resplandecía al punto de tener que cubrirlo para no afectar al pueblo (**Éxodo 34:34-35 RVR1960**). Así mismo, Daniel mantenía su relación con Dios como el punto más importante de su vida, abría las ventanas de su casa y oraba, todos eran testigos de su amor por Dios. Por este amor fue condenado a morir en las fauces de los leones, pero Dios lo cuido y, como resultado de su anhelo de intimidad, Dios lo recompensó públicamente a través del rey Nabucodonosor, quien le otorgó privilegios, honores, dones y potestad: "... **le hizo gobernador de toda la provincia de Babilonia, y jefe supremo de todos los sabios de Babilonia.**" (**Daniel 2:48 RVR1960**). El mejor ejemplo de recompensa en público se dio con Jesús; todas las victorias de Jesús, relatadas en los evangelios sobre la enfermedad, sobre la muerte, sobre demonios, sobre los fenómenos naturales, fueron el resultado de su intimidad con Dios. Estas respuestas de Dios (recompensas) llegan en un momento dado, a favor de quienes nos comprometemos a estar con Él, delante de Él, todos los días de nuestra vida; por otro lado, el libro de los Hechos de los Apóstoles está lleno de eventos en los cuales se manifiesta el reconocimiento público de Dios en favor de hombres que mantenían una vida de oración, siguiendo los pasos de su Maestro. Un discípulo de Cristo es un hombre o una mujer de intimidad con Dios, mantiene una vida de oración, atesora sus encuentros con Él más que ninguna otra cosa en el mundo. Es importante señalar que no tenemos que ser pastores, líderes o siervos de Dios a tiempo completo en una iglesia para ser íntimos de Dios. Simplemente, todos los hijos de Dios tenemos la posibilidad y el privilegio de serlo, sin importar la actividad que realicemos; esa intimidad será recompensada; aunque no busquemos la recompensa, esta vendrá como resultado. Podríamos decir a la luz de este hecho, que el que siembra intimidad, cosecha recompensas.

Omnipresencia y presencia manifiesta de Dios

Uno de los atributos de Dios es su **omnipresencia** y se explica de la siguiente manera: Dios es espíritu y como tal no está limitado a ocupar un espacio en el universo. Al contrario, Él llena el universo y se extiende al infinito; su grandioso ser excede en gran manera la extensión de su creación; por tanto, es fácil entender que su ser llene todo lugar en el espacio existente en el universo; el planeta Tierra no es la excepción, la omnipresencia de Dios se encuentra en cada centímetro cuadrado. "**¿A dónde me iré de tu Espíritu? ¿Y a dónde huiré de tu presencia? Si subiere a los cielos, allí estás tú; Y si en el Seol hiciere mi estrado, he aquí, allí tú estás. Si tomare las alas del alba Y habitare en el extremo del mar, Aun allí me guiará tu mano, Y me asirá tu diestra."** (**Salmos 139:7-10 RVR1960**). Adicionalmente, Dios no está sujeto a la dimensión del tiempo, por lo tanto, puede estar en todas partes, en todo tiempo; en el pasado, en el presente y, por supuesto, en el futuro. Todo esto sintetiza el atributo de Dios denominado *omnipresencia*.

Sin embargo, hay algo más que debemos considerar en este punto: es la presencia manifiesta de Dios, a la cual entendemos como la voluntad de Dios de ser percibido por el ser humano a través de sus sentidos y/o a través de su espíritu, con el propósito de interactuar con hombres y mujeres, en distinta época o circunstancia; a esta cualidad llamamos *presencia manifiesta de Dios*. Tomemos algunos ejemplos:

Abraham es conocido como el amigo de Dios. En una de las escenas descritas en el Génesis, él recibe la visita de Dios en su tienda y comparten juntos la comida, conversan de temas trascendentes para Abraham y su entorno, pasan tiempo juntos. En esta conversación Dios le hace conocer sus planes para él y para la nación que saldría de sus entraña (Génesis 18:1-8 RVR1960).. Es la presencia manifiesta de Dios la que se describe en este relato.

Moisés, de quien la Biblia dice que hablaba cara a cara con Dios (Éxodo 33:11 RVR1960), se encuentra de continuo ante la presencia manifiesta de Dios, con quien mantiene conversaciones de todo tipo, algunas acaloradas por la frustración en el corazón de Moisés y, otras apacibles, cuando comparte sus alegrías. El lugar común de sus encuentros fue el tabernáculo construido para albergar la presencia manifiesta de Dios.

David, el pastor que llegó a ser rey por disposición de Dios, de quien la Biblia dice que, fue un hombre a la medida del corazón de Dios, nos muestra su pasión por estar delante de la presencia manifiesta de Dios; El rey David demanda de Dios su presencia manifiesta para todos los días de su vida (Salmos 27:4 RVR1960) y declara su compromiso con ese fin.

Salomón, el hombre más sabio que ha existido, constructor del Templo de Jerusalén, en la dedicación de la portentosa edificación y, después de presentar ante Dios un sacrificio extravagante de miles de animales, percibió la presencia de Dios manifestándose en forma de nube, inundando el templo, al punto de que nadie podía entrar o salir.

Jesús es la plena manifestación de la presencia de Dios en la tierra, el verbo encarnado, el Hijo de Dios; en su vida encontramos evidencias de la presencia manifiesta de los otros miembros de la Trinidad (el Padre y el Espíritu Santo) que se registraron en los evangelios. Esta presencia manifiesta se dio en momentos trascendentes en el ministerio del Mesías, uno de ellos fue el bautismo de Jesús. Ante la mirada atenta de Juan el Bautista, en el momento en que Jesús fue bautizado, los cielos se abrieron y la voz del Padre se escuchó, haciendo conocer al mundo entero que Jesús era su Hijo amado en quien estaba complacido y, enseguida, la presencia manifiesta del Espíritu Santo en forma de paloma se posó sobre Jesús; a partir de su bautizo en el Jordán, Jesús se convirtió en anfitrión del Espíritu de Dios y, desde entonces, Este permaneció en Él durante todo el tiempo de su ministerio en la tierra.

Jesús mantenía intimidad con su Padre de forma permanente, sin embargo dedicaba tiempos exclusivamente para estar a solas con Él. En ellos, no permitía que sus discípulos u otras personas participaran, excepto en ciertas circunstancias, como cuando tuvo lugar *la transfiguración de Jesús*. Sus discípulos Pedro, Jacobo y Juan lo acompañaron a su lugar de oración y, mientras oraba ocurrió un suceso sobrenatural que los dejó abismados y asustados, ante sus ojos, el rostro de Jesús comenzó a emanar brillo y sus ropas también brillaban, entonces aparecieron dos personajes que los discípulos identificaron como a Moisés y Elías, quienes conversaban con Jesús. De pronto, apareció una nube sobre ellos y desde la nube se escuchó el testimonio del Padre con un mensaje claro: que la vida de oración de su Hijo amado lo complacía en gran manera, y les hizo saber a los discípulos que debían seguir a su hijo y tomarlo como ejemplo de vida, y que para lograrlo debían poner mucha atención a todo lo que Él dijera e hiciera.

Siguiendo las enseñanzas de Jesús, nosotros también debemos ser anfitriones del Espíritu Santo, porque Él viene a hacer morada en nosotros, pasamos a ser su vivienda y su tabernáculo; esto nos enseña que debemos cuidar nuestra relación con Él, pues va con nosotros a todas partes, escucha lo que nosotros decimos y ve lo que nosotros vemos; conoce nuestros pensamientos. Debemos elegir con mucho cuidado las actividades y lugares a los que vamos y las cosas que hacemos, decimos u omitimos, pues pueden entristecer al Espíritu Santo, nuestro huésped. *"Y no contristéis al Espíritu Santo de Dios, con el cual fuisteis sellados para el día de la redención."* (*Efesios 4:30 RVR1960*). Adicionalmente, el Espíritu Santo se puede apagar si es que no tenemos una constante integración con Él, si lo postergamos y le damos un segundo lugar. Pero adicionalmente, Jesús nos advierte que la ofensa contra el Espíritu Santo no será perdonada. No debemos ser ligeros al considerar la presencia del Espíritu Santo en nuestras vidas, Él es el generador de la vida abundante que Jesús nos prometió, Él, desde nuestro interior, emana un caudal infinito de vida al que la Biblia describe como un manantial o un río de agua viva.

No cabe duda de que los tiempos de oración de Jesús eran dinámicos y estaban caracterizados por la presencia manifiesta de Dios; consideremos que el mismo Espíritu que estuvo en Jesús es el que está en nosotros. Entonces, nuestros tiempos de oración tienen que ser más que monólogos cerrados sin un destino cierto, sino tiempos dinámicos en los que la sobrenaturalidad de Dios está presente. Una vida consagrada a la oración es igual a una vida en la presencia de Dios. Esta búsqueda de intimidad es recompensada en privado con la presencia manifiesta y en público con el reconocimiento de Dios frente a los hombres.

Ésta, al menos, ha sido mi experiencia. En la quietud del momento y del lugar del encuentro, Dios inunda mi ser con la paz que sobrepasa todo entendimiento, de mi interior emanan suspiros, me provoca llorar, y mi corazón rebosa de gozo. Defino *gozo* como una alegría que no es superficial, que no viene de las circunstancias; al contrario, es profunda y nace muy adentro. Déjeme describirle usando una paráfrasis contenida en Juan (7:38) *es como un manantial de agua viva que brota de mi interior.* Estar ante la presencia manifiesta de Dios es una experiencia distinta para cada persona; cada ser humano lo percibe diferente y Dios se relaciona con cada uno de forma particular, manifiesta su presencia como Él cree conveniente. Declaramos que Dios es el mismo ayer hoy y por los siglos; por tanto, sigue proporcionando de su presencia manifiesta en este mundo.

Impartición y revelación

Pensemos en el Sol, mientras nuestro planeta gira en su movimiento de rotación, paulatinamente, según la zona horaria en la que estemos, comienza a recibir los rayos de sol; amanece y despertamos a un nuevo día, la energía que emana del Sol produce efectos positivos: Su luz nos ilumina durante las horas de exposición; el calor que emana calienta el ambiente y, el reino animal despierta, en el reino vegetal se produce la fotosíntesis; el ser humano aprovecha esa energía para muchas actividades. Algo parecido sucede cuando nosotros nos exponemos a la presencia manifiesta de Dios, su virtud nos cubre y nosotros recibimos impartición y revelación.

En nuestros tiempos de comunión con la presencia manifiesta de Dios ampliamos el nivel de cercanía y por tanto el de exposición; así mismo, se amplía el grado de nuestro conocimiento de Dios que nos permite aprender, de primera mano, quién es Dios y cómo actúa. Repito la aclaración sobre el conocimiento, no es información que podemos acumular sobre un tema, es un conocimiento experiencial en el que se junta la información con la experiencia, se complementan y lo vivido no queda solamente en el intelecto, sino que se arraiga en el corazón. En esos momentos de cercanía, juntos procesamos gran cantidad de información, decodificamos los secretos milenarios sobre quién es y cómo actúa; pero este conocimiento tiene como albergue nuestro corazón, nuestra alma y nuestro espíritu; por ello, toda nuestra vida es afectada. El libro del Génesis menciona que Adán conoció a Eva y engendraron a su descendencia, ese conocimiento íntimo de la pareja es aplicable en nuestra relación con Dios, va más allá de saber su nombre y lo que le gusta, tiene que ver con la experiencia profunda en intimidad, a solas con Él, en esos momentos recibimos impartición de su virtud y revelación de los mencionados secretos.

Impartición

Manejemos la Teoría de la Exposición. Esta dice que si experimentamos una exposición prolongada a cierta influencia nos saturaremos de ella y nuestra vida lo reflejará al punto de que todos a nuestro alrededor lo podrán percibir. Hemos escuchado decir "Has visto mucha televisión" para explicar alguna actitud, comportamiento o forma de pensar de alguna persona, en su vida hay manifestaciones de dicha influencia. Sucede algo parecido cuando nos exponemos a la presencia manifiesta de Dios en nuestros tiempos de intimidad con Él; Dios está lleno de extraordinaria virtud, la virtud que emana de su presencia manifiesta y que nos afecta positivamente en alma, en cuerpo, y en nuestro espíritu. Por tanto, la exposición continua a la presencia manifiesta de Dios provoca cambios continuos en nuestro desarrollo personal; entramos en una espiral virtuosa que dinamiza nuestra vida, como un tornado que comienzan en un punto pequeño de la tierra y, mientras se eleva cientos de metros, amplía su radio de acción, generando vientos tan fuertes que pueden desprender árboles de raíz. Así mismo, la presencia manifiesta de Dios, cuando es continua en nosotros, comienza en un punto en nuestra vida y cada día crece más y nos afecta en mayor proporción, para posteriormente afectar todo nuestro entorno. La paz de Dios, su ternura, su amor se verán reflejados en nuestra vida, nuestro espíritu fortalecido, nuestra alma estabilizada en una dirección, nuestro cuerpo renovándose cada día. Esto sucede ante la presencia manifiesta de Dios. A este hecho lo llamamos *impartición*. adicionalmente, Dios obra propositivamente en nuestras vidas de acuerdo con sus planes, los esquemas mentales que hemos construido en base a nuestras experiencias son modificados para obtener una mentalidad de reino, en nuestra alma Dios sana las heridas profundas del pasado y nos libera del resentimiento y de la ira que se encuentra arraigada en nosotros, el perdón llega y nos libera de la culpa. Los planes de Dios prevalecen en la medida en que nos sometemos voluntariamente a su tarea minuciosa de cirujano: abrir nuestro interior, encontrar los daños, limpiar, extraer, suturar y limpiar las heridas hasta que cicatricen. Finalmente, transformar nuestra manera de pensar y actuar, para así enviarnos a enfrentar nuestro destino con identidad clara y con herramientas que sabemos usar.

De nuestra intimidad con Dios nace y crece la fe inquebrantable que nos permite caminar sin temor por la vida, no por lo que vemos en las circunstancias, sino por el conocimiento que tenemos de Dios. Caminar por fe significa desarrollar una confianza absoluta en Dios que nos permite llevar su cruz, abrazar sus planes y dejar los nuestros de lado; nos forma el carácter para enfrentar un mundo que se opone a la idea de Dios, así mismo, nos ayuda a liberarnos de paradigmas de seguridad, nos ayuda abrir las manos para dejar ir cosas a las que nos aferramos y tomar lo que Él nos quiere dar. Es un trabajo integral del Espíritu Santo en nuestras vidas y su tarea se realiza mayormente en nuestro tiempo de intimidad con Él.

Revelación

Si la impartición proviene de la emanación de la virtud de Dios, el otro elemento, al que llamaremos *revelación*, tiene como fuente la sabiduría y el conocimiento pleno que posee Dios; esta revelación tiene que ver con otro de sus atributos, se conoce como *omnisciencia*, y se describe como sabiduría eterna y conocimiento completo; por tanto, la capacidad de Dios para enseñarnos y aconsejarnos sobre cualquier tema o circunstancia es precisa, eficiente y eficaz. EL salmo 27 describe uno de los propósitos para que, el rey David demande de Dios le permita estar en su presencia de continuo, y así buscar en la sabiduría y conocimiento infinitos de Dios, el consejo y la dirección para su vida y la de su pueblo, es decir, inquirir y preguntar para obtener aquella sabiduría y aquel consejo. El rey David no movía un dedo sin consultar a Dios. Alguna vez actuó por iniciativa propia y el resultado fue negativo. De la misma manera, es prerrogativa de quien entra en intimidad con Dios la de buscar su consejo, hacer planes conjuntos que no van a fallar, emprender proyectos previamente discutidos con Él, plantearnos desafíos. Dios se convierte en nuestro consejero, nuestro mejor amigo porque entiende lo que mejor nos conviene; nos conoce tan bien que sabe dirigirnos; pero, adicionalmente, tiene planes para nosotros desde antes de nacer y nos quiere asistir en beneficio de nuestra comunidad y de nuestra nación.

En los tiempos de intimidad, el rey David, con la inspiración del Espíritu Santo, dio vida a los Salmos; así mismo, en los tiempos de intimidad Dios reveló a David, por medio del Espíritu Santo, los planos del templo a ser construido en Jerusalén, con detalles específicos que nos dan la pauta de que los tiempos entre Dios y el rey David eran interminables. De la misma manera, Moisés recibió instrucciones precisas para construir el tabernáculo que más adelante sería la morada del arca del pacto y, por tanto, de la presencia manifiesta de Dios, el lugar de encuentro entre Moisés y Dios. Allí nos muestra Moisés su interacción con Dios. De la misma manera, nosotros debemos buscar y anhelar nuestros tiempos con Dios, atesorarlos en gran manera y permanecer con Él cuanto sea necesario para recibir impartición de su virtud, y extraer la revelación necesaria para caminar seguros por los caminos y los pensamientos de Dios.

Respuestas posibles

Frente a la presencia manifiesta de Dios aprendemos a reaccionar positivamente. Su impartición y revelación en nosotros genera reacciones: La primera es **la gratitud** que, es la forma más simple de expresar nuestro contentamiento y alegría por sus favores. A medida que nuestra conciencia se extiende a todo lo que recibimos de Dios, nuestra gratitud se vuelve evidente, es visible para los demás en todas las áreas de nuestras vidas; la segunda respuesta es **la alabanza** que, es una forma más elaborada al expresar nuestro contentamiento y alegría; la alabanza se enfoca a exaltar los atributos de Dios y lo maravilloso de sus obras, nuestra alabanza se manifiesta de muchas maneras, especialmente con la música. Por último, **la adoración** que, es la forma más compleja de expresar nuestro amor a Dios como respuesta a su amor apasionado por nosotros. En la adoración se involucra todo nuestro ser, alma cuerpo y espíritu; sin límites, se produce la entrega y la rendición total de nuestro ser al amor apasionado de Dios.

La primera expresión se enfoca en el favor de Dios, en los beneficios y dones recibidos de su mano; la segunda expresión se enfoca en el conocimiento de Dios que, paulatinamente vamos adquiriendo en nuestros momentos de intimidad y en nuestra vida diaria; y, la tercera, que satisface a Dios en gran manera, se enfoca en el amor apasionado de Dios por nosotros, esta implica un profundo grado de intimidad, nosotros lo amamos como respuesta a su amor. Adicionalmente, el grado de relación con Dios varía desde superficial a profundo. Para ser gratos no necesariamente debemos conocerlo, simplemente tomar conciencia de los beneficios recibidos. La gratitud brota de nuestros labios, por lo que decimos que es superficial y enfocada a lo recibido.

Para alabarlo es necesario conocerlo. Este conocimiento proviene de haber pasado tiempo con Él, y aprender quién es y cómo actúa, es un grado de cercanía que rebasa lo superficial pero no es profundo. Finalmente, para adorarle, es necesario que hayamos pasado por los niveles anteriores y entremos en una profunda intimidad en la que recibimos de su amor, en la que participamos de su pasión por nosotros, aquellos momentos de deleite mutuo; en este punto de la relación ya no hay más amores compartidos, nuestro corazón esta entregado por completo a Él. El rey Salomón resume de forma poética este nivel en la relación con Dios: **"6Ponme como un sello sobre tu corazón, como una marca sobre tu brazo; Porque fuerte es como la muerte el amor; Duros como el Seol los celos; Sus brasas, brasas de fuego, fuerte llama. 7Las muchas aguas no podrán apagar el amor, Ni lo ahogarán los ríos. Si diese el hombre todos los bienes de su casa por este amor, De cierto lo menospreciarían." (Cantares 8:6-7 RVR1960).** El sello es de propiedad, nosotros somos suyos y Él es nuestro. El amor y la pasión a las que hemos llegado en la relación se describen maravillosamente como fuego inextinguible. Es un amor radical que a mucha gente, dentro de la misma iglesia, no le parecerá correcto y su respuesta será el desprecio, al que enfrentaremos con misericordia y con gracia.

Muchos de nosotros nos quedamos en el primer nivel de cercanía. Recibimos los dones que nos otorga de manera generosa e incondicional y mostramos nuestra gratitud, se parece más a un intercambio comercial, Tú me das y yo te respondo; es un intercambio de gratitud por bendiciones, y no vamos más allá. También hay la posibilidad de quedarnos en el siguiente nivel, es hermoso adquirir conocimiento de Dios y nos hace muy felices y respondemos con alabanza, pero no queremos llegar al punto de perder nuestra libertad, no queremos desprendernos de otros afectos que comparte nuestro corazón. Pero lo que anhela Dios –y nos conviene– es que lleguemos al tercer nivel de involucramiento, el de la adoración. En este nivel nos fundimos con Dios en una pasión desbordante que nos impulsa a realizar la tarea más difícil, a aceptar retos más grandes, no quedarnos satisfechos con lo que recibimos, no conformarnos con lo que sabemos; sino, anhelar más, buscar más. Dios cautiva nuestro corazón y nos enamora. El profeta Jeremías lo declara: **"Me sedujiste, oh Jehová, y fui seducido."** (**Jeremías 20:7 RVR1960**). El desafío es grande, ¿estamos dispuestos a enamorarnos de Dios al punto de recibir el desprecio de muchos, inclusive de nuestra familia y hermanos en la fe? El desprecio a quienes se entregan al amor apasionado en su relación con Dios no es una idea mía, la establece la palabra de Dios: **"Si diese el hombre todos los bienes de su casa por este amor, De cierto lo menospreciarían."** (**Cantares 8:7 RVR1960**).

Consejos prácticos

No podemos cerrar el capítulo que se refiere a nuestra intimidad con Dios sin antes dejar algunos consejos prácticos:

- Separa un lugar. Entra en tu aposento, el aposento es un lugar de intimidad. En principio pensamos en una habitación en casa, pero puede ser un clóset en el que podamos encerrarnos.
- Separa un tiempo. El día tiene veinticuatro horas, separamos horas para descansar, para trabajar, para alimentarnos, para estar con la familia y para otras actividades. Dentro de esas horas, debemos separar tiempo para estar en intimidad con el Señor. Hay personas que prefieren la mañana, otras que prefieren la noche, y otras que preferimos ambas. Escoge un tiempo y mantenlo de forma continua.
- Evita las Distracciones. No permitas que en el tiempo separado para Dios y en el lugar de encuentro existan distracciones o

intromisiones, enfócate en el momento. Es una cita de amor en la que los amantes quieren estar solos ("cierra la puerta").

- El resultado es el encuentro íntimo con Él. "He aquí, yo estoy a la puerta y llamo; si alguno oye mi voz y abre la puerta, entraré a él, y cenaré con él, y él conmigo." (Apocalipsis 3:20 RVR1960). El momento de intimidad involucra dos partes, una de ellas somos nosotros y la otra es Dios. Es compartir a plenitud.

- Biblia, papel y lápiz. La palabra de Dios es una carta de amor. "Y el que estaba sentado en el trono dijo: He aquí, yo hago nuevas todas las cosas. Y me dijo: Escribe; porque estas palabras son fieles y verdaderas." (Apocalipsis 21:5 RVR1960). El Espíritu Santo es quien inspiró a los escritores de la Biblia a escribirla, por tanto, el contenido es relevante para desarrollar nuestra gratitud, nuestra alabanza y nuestra adoración.

- Guarda silencio y habla si es necesario. "Guarda silencio ante Jehová, y espera en él." (Salmos 37:7 RVR1960). Este ha sido el desafío más grande para mí, nuestro cerebro es capaz de procesar mil trescientas palabras por minuto, lo que significa que hay un procesador de palabras que ocupa tu mente la mayor parte del tiempo. Acallar la mente para percibir a Dios es lo más difícil de lograr.

- No salgas hasta que no recibas. Se proactivo en la búsqueda. "Desde los días de Juan el Bautista hasta ahora, el reino de los cielos sufre violencia, y los violentos lo arrebatan." (Mateo 11:12 RVR1960). Hay un error que cometemos los cristianos y es pensar que, porque ponemos en manos de Dios nuestros planes, Él está en obligación de apoyarnos. No es así, nuestros planes deben ser confirmados por Dios, si no lo son, es mejor cambiarlos o modificarlos o, mejor, recibir los planes que Él tiene para nosotros. Salir de la presencia de Dios antes de confirmar los siguientes pasos es un error que trae fracasos. Por ello es mejor esperar hasta que todo esté claro. "Por nada estéis afanosos, sino sean conocidas vuestras peticiones delante de Dios en toda oración y ruego, con acción de gracias." (Filipenses 4:6 RVR1960).

Capítulo 2

LA PALABRA DE DIOS
Y LA ORACIÓN

Relacionamiento con la palabra

A los cristianos, por décadas, nos llamaron *la gente del libro*, por la sola razón que cargábamos la Biblia bajo el brazo y su lectura era una constante en los momentos de intimidad con Dios, invertíamos mucho tiempo en su lectura. Al ojear una de esas biblias se encontraban muchos textos resaltados con varios colores, notas al márgen y fechas; además, claro está, páginas desgastas por el uso continuo. En el momento en que el libro mostraba signos de agotamiento, la pasta se rompía dando un terrible aspecto, y teníamos dos posibilidades: cambiar la cubierta y restaurar la estructura física del libro o remplazar la biblia vieja por una nueva. Esta última opción traía complicaciones por la dificultad de pasar todas las anotaciones de la anterior a la nueva; entonces usábamos en casa la vieja, y la nueva fuera de casa, al final del día usábamos ambas.

La Biblia es la palabra de Dios, es la forma escrita en que Dios se da a conocer a su pueblo y a la humanidad. Está compuesta por sesenta y cuatro libros de diferentes autores, escrita en distintas épocas de la historia; el Espíritu de Dios infundió la inspiración para escribirlos y contiene la historia de amor entre Dios y la humanidad. Está llena de escenas de distintos géneros: Acción, romance, comedia, etc. Está llena de personajes: reyes y pordioseros, pastores y príncipes, valientes y cobardes, sabios e ignorantes. Pero hay temas constantes como el amor de Dios por la humanidad, el anhelo de intimidad de Dios con el ser humano, el plan de restaurar la intimidad perdida en el Huerto del Edén y, al final, el triunfo del amor sobre todo aquello que se le opone; la Biblia es un libro de cabecera, es un libro para leer y releer, es un libro para devorar. La experiencia del profeta Jeremías con respecto de la palabra escrita es relevante, **"Fueron halladas tus palabras, y yo las comí; y tu palabra me fue por gozo y por alegría de mi corazón; porque tu nombre se invocó sobre mí, oh Jehová Dios de los ejércitos."** (**Jeremías 15:16 RVR1960**).

En muchos países no existe un hábito de lectura, los índices son bajos, para Ecuador, mi país, representa el 0,5 de libros por persona por año, nuestros vecinos en Colombia leen dos libros por persona por año, nuestros amigos de Chile leen cinco libros por persona por año, pero es muy poco comparado con países europeos que leen hasta 47 libros por persona por año, casi uno por semana. Otro de los problemas es la superficialidad con que nos acercamos a los libros; los medio leemos y los guardamos en una estantería para siempre...

Desde el punto de vista cristiano, leer la Biblia significa entrar en contacto con el libro usando nuestro intelecto, pero también involucrando nuestra alma, y principalmente nuestro espíritu; su lectura mueve todo nuestro ser, incluyendo los sentidos y las emociones; desafía nuestro intelecto y mueve nuestra voluntad, las palabras escritas saltan del libro a nuestros ojos y de nuestra retina se mueven a nuestra imaginación, nos perece revivir la escena que nos narra, nos parece mirar desde la perspectiva del escritor y percibir su estado de ánimo. De cierta manera se produce una conexión entre el lector y el escritor a través del libro, y cuando se produce este fenómeno, el libro es leído y releído, sus textos son aprendidos de memoria y sus personajes, conocidos y familiares para nosotros; las enseñanzas quedan grabadas para siempre. Esto es a lo que yo llamo relacionarse con la Biblia, en ella Dios escondió verdaderos tesoros, secretos y enigmas destinados para aquellos que los buscan. Él los escondió como cuando el padre esconde objetos a sus hijos para despertar la curiosidad por ellos. **"Gloria de Dios es encubrir un asunto; Pero honra del rey es escudriñarlo."** (**Proverbios 25:2 RVR1960**).

El poder de transformación que tiene la palabra de Dios ha sido evidenciado de manera constante, durante generaciones hombres y mujeres hemos sido transformados a la luz de la palabra de Dios, **"porque la** palabra de Dios es viva y eficaz, y más cortante que toda espada de dos filos; y penetra hasta partir el alma y el espíritu, las coyunturas y los tuétanos, y discierne los pensamientos y las intenciones del corazón." (Hebreos 4:12 RVR1960). Pablo nos cuenta de la profundidad a la que puede llegar en nuestro interior y el ámbito que puede abarcar, nos habla de llegar hasta el alma y espíritu donde nadie puede llegar, indaga en nuestros pensamientos y en nuestras intenciones, donde nadie puede mirar; es cultivar la mente, es sembrar la palabra, es cosechar sus frutos en su tiempo.

El desacuerdo y la distancia insalvables

"Mis pensamientos no son vuestros pensamientos, ni mis caminos son vuestros caminos, dijo Jehová." (Isaías 55:8 RVR1960). Dios afirma con absoluta claridad que hay pensamientos y caminos que los reconoce como suyos, estos pensamientos y estos caminos son la clara expresión de su voluntad. Por otro lado, establece que hay un cúmulo de pensamientos y caminos que no son de Dios sino del ser humano, y enfáticamente niega que tales pensamientos y tales caminos estén alineados con su voluntad.

A simple vista, mirando hacia el horizonte, nos parece que el cielo se une con la tierra, pero a medida que nos acercamos hacia ese punto, la distancia entre el cielo y la tierra se mantiene insalvable, nunca se llegan a unir. "Como son más altos los cielos que la tierra, así son mis caminos más altos que vuestros caminos, y mis pensamientos más que vuestros pensamientos." (Isaías 55:9 RVR1960). Esta es la analogía que usa el profeta Isaías para describir la distancia insalvable que existe entre los pensamientos de Dios y los pensamientos del ser humano; y lo mismo entre los caminos de Dios y los caminos de los seres humanos. Existe una clara contraposición de sus pensamientos y sus caminos con los nuestros, podemos afirmar que se trata de un desacuerdo insalvable. Hay dos líneas de pensamientos distintas, y dos sendas opuestas, unos pertenecen a Dios y señalan claramente su voluntad; otros nos pertenecen y muestran claramente nuestra voluntad, ambos son irreconciliables. Es inverosímil pensar que alguna vez, en los albores de la humanidad, los pensamientos de Dios eran los del ser humano y los caminos de Dios los transitaba el ser humano, de ahí los encuentros permanentes entre ellos en el Huerto del Edén. El profeta Amós formuló la siguiente pregunta: "¿Andarán

dos juntos, si no estuvieren de Acuerdo?" (Amós 3:3 RVR1960).
Ciertamente, estas posiciones antagónicas impiden que exista una relación.
El profeta Amós señala el camino para que se restituya la armonía de
pensamientos y caminos entre Dios y el ser humano, la alineación que
permita pensar lo mismo y andar por la misma senda, y es *el acuerdo*.

Un acuerdo, en general, tiene el propósito de alinear a las partes detrás
de un objetivo, establecer metas y señalar los caminos. Cuando reconocemos
que la voluntad de Dios es superior a la nuestra, desde la perspectiva de
una mejor visión del panorama, de un conocimiento previo eterno y de
una sabiduría infinita, entendemos que nos conviene más dejar nuestra
voluntad de lado y alinearnos a la voluntad de Dios. Además, sabemos
que Dios jamás adoptará nuestra forma de pensar y tampoco recorrerá
nuestros caminos, por tanto, quien se debe alinear con los pensamientos y
recorrer los caminos de Dios es el ser humano; éste es el desafío más grande
para la humanidad que se desarrolla dentro de una cultura centrada en sí
misma, en la que no hay espacio para otra forma de pensar que no sea la
propia, en la que no existen otros propósitos que los nuestros. El tema se
resuelve dejando voluntariamente nuestros pensamientos y adoptando los
pensamientos de Dios, abandonando nuestros caminos y transitado por
aquellos de Dios.

Dios consideró que entre la humanidad y Él debíamos llegar a un
acuerdo que permitiera volver a la relación existente en el Jardín del Edén,
caso contrario el distanciamiento sería definitivo. Sabemos ya que Jesús se
convirtió en el camino para que podamos restaurar nuestra relación con
Dios y alinearnos a sus pensamientos y a sus caminos. Jesús explica en qué
consiste esta alineación en la enseñanza de la vid y los pámpanos; la vid es
la planta de la uva y los pámpanos las ramas que cargan sus frutos, la planta
acarrea los nutrientes hasta las ramas y estas producen frutos. **"Yo soy
la vid, vosotros los pámpanos." (Juan 15:5 RVR1960).** La alineación
perfecta es nuestra dependencia absoluta de Dios, como los pámpanos
dependen de la Vid. No podemos considerar la existencia autónoma de un
pámpano desarraigado de su vid, un pámpano desarraigado simplemente
muere. **"Permaneced en mí, y yo en vosotros. Como el pámpano no
puede llevar fruto por sí mismo, si no permanece en la vid, así tampoco
vosotros, si no permaneces en mí." (Juan 15:4 RVR1960).** La perfecta
alineación entre la vid y los pámpanos es la clave de productividad, de la

misma manera, nuestra alineación con Dios es la clave de la vida abundante de la cual Jesús nos habla en el evangelio de Juan; adicionalmente, nos enseña que la relación no es estática, sino dinámica. **"El pámpano que en mí no lleva fruto, lo quitará; y todo aquel que lleva fruto, lo limpiará para que lleve más fruto." (Juan 15:2 RVR1960).** El fruto es la consecuencia de nuestra alineación con Jesucristo y el fin de la carencia de fruto es la separación y la muerte; mientras que, para quienes llevamos frutos, la poda nos permite aumentar la productividad y es continua. Puede ser doloroso, sin embargo el resultado está asegurado: productividad máxima. Por último, Jesús nos dice que el Padre, su Padre, nuestro Padre es el labrador, quien realiza esta tarea minuciosa y, como un experto labrador, nos da un cuidado permanente con el fin de hacernos productivos.

Nuestra vida de oración y nuestros tiempos de intimidad con Dios son los momentos ideales para ser podados con ternura y amor por el Padre que ejecuta la poda requerida, se dan los cuidados necesarios para que nosotros llevemos mucho fruto; toda la atención del agricultor se enfoca en las plantas para que den frutos y, por supuesto, para desechar aquellas que no lo dan. La palabra de Dios es muy útil para establecer esta dependencia vital entre Dios y nosotros, tal como lo seguiremos explicando durante este capítulo.

La palabra como medio de alineación

Entendemos la importancia de la alineación con los pensamientos y los caminos de Dios y la pregunta que emerge en nuestra mente es: ¿estamos o no alineados con Dios? No importa si tienes poco tiempo en el Evangelio, debes estar alineado desde el inicio de tu vida cristiana, la alineación con Dios significa permanecer en Él, como lo vimos en el punto anterior. El nivel de alineación se incrementa en la medida en que dependemos de Él. Pensemos en un tren y en las vías por las que debe transitar; primero, el tren debe estar sobre las vías y sus ruedas alineadas con la dirección de los rieles, la movilidad y la velocidad dependerán de que el tren y sus ruedas estén alineados con los rieles para que la fricción se dé en la medida adecuada —a mayor fricción entre ruedas y rieles, la resistencia será mayor y se reducirá su velocidad y eficiencia; a menor fricción, la velocidad del tren se incrementará y la eficiencia también—. En el ámbito espiritual pasa algo parecido; el nivel de alineación con Dios está marcado por la abundancia de la vida cristiana y de los frutos que produce, la expresión de los dones espirituales, la autoridad en el Espíritu, la intimidad con Dios, la fe, la humildad; la palabra de Dios, la Biblia, es una herramienta preciosa para alinearnos con los pensamientos de Dios y sus caminos, por siglos ha sido un manual de alineación apreciado y atesorado por los grandes hombres y mujeres de Dios.

Analogía de la lluvia y la nieve

El profeta Isaías nos explica la forma en cómo la palabra de Dios trabaja en este sentido: **"Porque como desciende de los cielos la lluvia y la nieve, y no vuelve allá, sino que riega la tierra, y la hace germinar y producir, y da semilla al que siembra, y pan al que come." (Isaías 55:10 RVR1960).** Me fascina la alegoría que utiliza para enseñarnos. En el ciclo agrícola, la lluvia juega un papel preponderante; sin agua el ciclo productivo no se puede dar, existe una dependencia absoluta del líquido, por eso se lo llama *vital*, la lluvia y la nieve son H_2O en diferentes estados: líquido y sólido, ambos provienen del cielo. Todos sabemos que existen manantiales de agua en la tierra que pueden ser canalizados para regar los campos, pero la lluvia y la nieve son provisión directa del cielo: dependen de la voluntad de Dios. Existen muchos ejemplos en la Biblia de épocas en que cesó la lluvia por voluntad de Dios y, después de un tiempo de sequía, Dios volvió a enviar lluvia. Podemos afirmar que sin agua el ciclo agrícola productivo no puede iniciar ni culminar. Miles de hectáreas en el mundo son improductivas porque no tienen agua, dicha aridez se compara con el corazón del hombre que no recibe la palabra de Dios; la palabra de Dios, al igual que la lluvia y la nieve, proviene del cielo, desde el mismo trono de Dios como nuestra provisión divina para el alma, el cuerpo y el espíritu. La palabra de Dios prepara nuestro ser para recibir la semilla que viene también de Dios, por medio del Espíritu Santo. El enfoque en esta primera parte está en la necesidad del ser humano de recibir la palabra como provisión para iniciar un ciclo fructífero en su vida. La lluvia y la nieve hacen fértil a la tierra sobre la cual son derramadas, de la misma manera la palabra de Dios hace fértil el corazón de quien la recibe.

Germinación y producción

Volviendo a ciclo agrícola, es importante entender que el terreno debe recibir el agua para convertirlo en fértil. El cultivo inicia fertilizando la tierra y en el ella se puede introducir la semilla que se desea cultivar; a la adaptación de la tierra para el cultivo le sigue la siembra, la semilla es depositada en el suelo fértil y se espera su germinación; el tiempo que dura la semilla en la tierra antes de que se vea la planta se produce en lo oculto, en el interior de la tierra, es imperceptible para el ojo humano, lo mismo sucede en nuestro interior cuando hemos sido fertilizados por la palabra de Dios, y el Padre pone la semilla en nuestro corazón; en nuestro interior se genera vida y es imperceptible hasta que se pueden mirar ciertos rasgos de que la semilla ha generado vida en nosotros, parte de la germinación es cuando empezamos a percibir vida espiritual, a estos indicadores podemos llamarles *brotes*. Una vez que los brotes de la planta emergen del suelo fértil, sigue siendo imprescindible el agua del cielo; de continuo se riega el sembrío mientras la plata crece y posteriormente comienza a dar sus frutos. En este punto, el enfoque del agricultor cambia, ya no se concentra en la tierra como lo hacía en el momento de fertilizarla, ahora se concentra en el crecimiento de la planta; agrega o quita lo necesario para que ese crecimiento sea sostenido y posteriormente entregue sus frutos. Luego, la parte más esperada del ciclo agrícola es la producción, para eso trabaja el agricultor, el objetivo final es obtener productos. Cuando la planta está madura se comienzan a ver los primeros frutos que más adelante madurarán y serán recogidos. En este punto, la palabra de Dios sigue siendo trascendente para esta fase del crecimiento espiritual, es cuando los cristianos, sin saber, estamos siendo capacitados para producir fruto bueno y abundante; Jesús nos enseña a través de la parábola del sembrador. **"Mas el que fue sembrado en buena tierra, éste es el que oye y entiende la palabra, y da fruto; y produce a ciento, a sesenta, y a treinta por uno."** **(Mateo 13:23 RVR1960).** La productividad en la vida cristiana tiene fundamento en la palabra de Dios, desde que hace nuestra alma fértil, para luego hacernos germinar y finalmente permitirnos ser muy productivos. En todo este proceso, la palabra de Dios es imprescindible, su grandiosa capacidad sobrepasa toda analogía; honramos a Dios por su palabra, la abrazamos, la tomamos como nuestro alimento y la dejamos hacer su obra en nosotros; todo esto, en intimidad con Dios. Al contrario, fuera de la intimidad con Dios, su palabra se convierte en fundamento de juicio en nuestros labios. Los fariseos utilizaron la palabra de Dios para juzgar a todos menos a ellos mismos.

EL PRODUCTO SE DIVIDE. PARTE SE COME Y OTRA SE SIEMBRA. Es muy importante entender el destino que se le debe dar a la producción, porque de eso van a depender dos cosas: Una, que el agricultor pueda alimentarse; y, dos, que el ciclo productivo se genere nuevamente y permanezca en el tiempo. La producción tiene dos destinos, el uno es el consumo del agricultor, el uso legítimo de la producción en beneficio de quien cultiva, la Biblia la llama *"pan para el que come"* (*Isaías 55:10 RVR1960*) y, la otra, a ser semilla para el siguiente ciclo productivo, es considerada *"semilla para el que siembra"* (*Isaías 55:10 RVR1960*). Se escogen los mejores frutos y se usan como semilla para repetir el ciclo agrícola que empieza con fertilizar la tierra para la siembra;, nuevamente, la lluvia juega un papel preponderante. Quien tiene semilla puede hacer que el ciclo productivo se repita múltiples ocasiones, Dios concluye: *"Así será mi palabra que sale de mi boca; no volverá a mí vacía, sino que hará lo que yo quiero, y será prosperada en aquello para que la envié."* (*Isaías 55:11 RVR1960*). Es importante entender que Dios nos permite tener, como resultado de nuestro ciclo productivo, alimento para nuestro espíritu y semilla para sembrar en otras personas, con el fin de que en ellos Dios genere ciclos productivos paralelos, multiplicar los frutos en cada persona, y al mismo tiempo ampliar el área de cultivo: aumentar la productividad. A esto llamamos *evangelización*. Lo que obtenemos de Dios es más que suficiente y no nos quedamos con todo, sino que compartimos lo mejor con el prójimo.

Resultados colaterales de aplicar la palabra

"Porque con alegría saldréis, y con paz seréis vueltos; los montes y los collados levantarán canción delante de vosotros, y todos los árboles del campo darán palmadas de aplauso." (Isaías 55:12 RVR1960). ALEGRIA Y PAZ. La exquisita generosidad de Dios nos lleva más allá de lo que nosotros esperamos. ¿Quién no estaría satisfecho con tener una producción abundante destinada al consumo propio y para compartirla? Sin embargo, Dios no se conforma con que tengamos vidas productivas, sino que nos da otros beneficios; el cristiano que permite el fluir permanente de la palabra de Dios en su vida está alineado con su voluntad y sus caminos, por ello Dios le añade alegría y paz; salimos con alegría y entramos con paz. Las misericordias de Dios son nuevas cada día y Él nos mantendrá en completa y constante paz; la creación se contenta con un cristiano alegre y en paz, los montes y los valles nos reciben con canciones y los árboles de toda especie nos ven pasar y dan palmadas, muchos no tomamos en cuenta que la creación espera con ansias la manifestación de los hijos de Dios, aquellos que adoran en espíritu y en verdad, emerjan a la realidad actual con vidas que den honra y gloria a Dios, con grandes manifestaciones de sus frutos. Pablo escribe: **"Porque el anhelo ardiente de la creación es el aguardar la manifestación de los hijos de Dios." (Romanos 8:19 RVR1960).**

Productividad cualitativa y cuantitativa.

"En lugar de la zarza crecerá ciprés, y en lugar de la ortiga crecerá arrayán; y será a Jehová por nombre, por señal eterna que nunca será raída." (Isaías 55:13 RVR1960). Dios, a través del profeta hace una comparación de lo que es y de lo que podría ser la vida de un hombre bajo la constante provisión de su palabra. Somos zarzas, matorrales de baja estatura y limitados en fuerza, podemos dar cabida y sombra a especies pequeñas, mientras que las posibilidades en Dios nos hablan de que podemos ser como un ciprés, un árbol alto de gran envergadura que acoge a especies más grandes, inclusive, el ser humano puede extraer madera de él. La otra analogía que usa es la de la ortiga y del arrayán, mientras que la ortiga es pequeña y aunque, tiene aplicaciones medicinales, es muy fácil desarraigarla, mientras que el arrayán es un árbol majestuoso que no se doblega por los vientos, sin importar lo fuertes que éstos sean; los cristianos podemos ser ortiga con propiedades curativas, o podemos ser arrayán que, como dice la escritura, así, seremos señal eterna para Dios.

Concluimos que la vida de oración mantiene en la palabra de Dios un flujo constante de provisión, pasa de ser una vida que trasciende de un plano natural de influencia a un plano sobrenatural de impacto, somos hombres y mujeres cultivados con la palabra de Dios, con posibilidades transcendentes, del plano natural hacia el plano sobrenatural, para quienes la palabra de Dios es la herramienta imprescindible para hacer la transición. Por favor, toma tiempos con la palabra de Dios, la Biblia nutre y alimenta tu espíritu y es aquella señal de Dios que no podrá ser desarraigada y que produce mucha gloria para Él.

La palabra en la vida de oración de Jesús

Jesucristo es la revelación más importante de Dios para la humanidad, es el Dios hecho hombre, la palabra hecha carne, un hombre de carne y hueso que caminó por el planeta, interactuó con la gente, saboreó el sufrimiento, experimentó la muerte y la resurrección, y ahora está sentado en su trono a la diestra del Padre. Su paso por esta tierra se registró en los evangelios; pero además ha sido mencionado en muchos otros textos, también en el Antiguo Testamento. En esta primera parte de la Biblia aparecen las profecías que se cumplieron con el nacimiento, ministerio, muerte y resurrección de Jesús; y muchas otras que están por cumplirse en su segunda venida, reino milenario, etc. Como ejemplo podemos citar al profeta Isaías*, cuando dice:* **"Porque un niño nos es nacido, hijo nos es dado, y el principado sobre su hombro; y se llamará su nombre Admirable, Consejero, Dios Fuerte, Padre Eterno, Príncipe de Paz."** **(Isaías 9:6 RVR1960).** Sin duda, podemos establecer que la Biblia tiene como personaje central a Jesucristo, quien, de forma expresa o tácita, ratificó el contenido bíblico como válido para todos los tiempos, confirmando así la necesidad de tomar en cuenta a la Biblia para guiar nuestras vidas. Adicionalmente, hizo una advertencia en contra de quien aumente o quite algo de ella y, por último, Jesucristo modeló para nosotros una vida de oración en la que las sagradas escrituras ocuparon una posición relevante.

En primera instancia, aclaremos que Jesucristo es la Palabra encarnada, sin embargo, con su propia boca expresó que la Palabra escrita es el fundamento de la relación con Dios. **"No penséis que he venido para abrogar la ley o los profetas; no he venido para abrogar, sino para cumplir." (Mateo 5:17 RVR1960).** A pesar de ser el Verbo divino, la Palabra en su máxima expresión no vino a dar de baja a la Palabra escrita; al contrario, establece su legitimidad y su aplicación más allá de los límites del tiempo y del espacio creados. **"El cielo y la tierra pasarán, pero mis**

palabras no pasarán." (Mateo 5:17 RVR1960). En otras referencias del testimonio de Jesús sobre la palabra de Dios, menciona su trascendencia para la vida de sus discípulos, al punto de que se los puede identificar por ocuparse de su palabra. **"Dijo entonces Jesús a los judíos que habían creído en él: Si vosotros permaneciereis en mi palabra, seréis verdaderamente mis discípulos" (Juan 8:31 RVR1960).** Menciona también que hay una relación íntima entre el amor de Dios y hacia Dios con guardar su palabra, al punto de hacer morada con aquel que guardare su palabra. **"Respondió Jesús y le dijo: El que me ama, mi palabra guardará; y mi Padre le amará, y vendremos a él, y haremos morada con él." (Juan 14:23 RVR1960).** Adicionalmente, Jesucristo relaciona dos hechos: a) nuestra íntima comunión con Él y b) nuestra cercanía a su palabra. De esta cercanía viene su promesa de responder a todos nuestros pedidos. **"Si permanecéis en mí, y mis palabras permanecen en vosotros, pedid todo lo que queráis, y os será hecho." (Juan 15:7 RVR1977).**

Debemos resaltar el hecho de que Jesús utilizó la palabra de Dios como arma letal para defenderse de los ataques de nuestro enemigo, en tres ocasiones Jesús respondió a la ofensiva de Satanás con la siguiente frase que se volvería célebre: **"Escrito está: No sólo de pan vivirá el hombre, sino de toda palabra que sale de la boca de Dios." (Mateo 4:4 RVR1960).** Luego de 40 días de abstinencia de alimentos, en un momento de mayor debilidad, Satanás le ofrece un camino viable para resolver su situación ofreciéndole comida, riqueza y poder; sin embargo, Jesús resiste citando la Palabra de Dios escrita: **"Escrito está también: No tentarás al Señor tu Dios." (Mateo 4:7-8 RVR1960).** Nuevamente, Jesús usó su palabra para defenderse. **"Entonces Jesús le dijo: Vete, Satanás, porque escrito está: Al Señor tu Dios adorarás, y a él sólo servirás." (Mateo 4:10 RVR1960).** Finalmente, Jesús resiste el embate del enemigo y este tiene que huir porque se quedó desarmado, sin argumentos. Esto nos tiene que decir algo: es prudente memorizar pasajes de la escritura que podamos usar en momentos en que el enemigo nos ataque.

La misma Biblia habla sobre su importancia y trascendencia en nuestra vida cristiana, una de las analogías más importantes dice que es como una lámpara cuando caminamos en la oscuridad; **"[18]Por tanto, pondréis estas mis palabras en vuestro corazón y en vuestra alma, y las ataréis como** señal en vuestra mano, y serán por frontales entre vuestros ojos. [19]Y las enseñaréis a vuestros hijos, hablando de ellas cuando te sientes en tu casa, cuando andes por el camino, cuando te acuestes, y cuando te levantes, [20]y las escribirás en los postes de tu casa, y en tus puertas". (Deuteronomio 11:18-20 RVR1960). El consejo de Dios respecto de su palabra comienza con que tengamos un lugar especial en nuestro corazón para ella y que la tengamos presente en todo tiempo, que la enseñemos a nuestros hijos con insistencia y que sean fundamento de nuestro hogar; "*El espíritu es el que da vida; la carne para nada aprovecha; <u>las palabras que yo os he hablado son espíritu y son vida.</u>*" (*Juan 6:63 RVR1960*). La palabra de Dios, según el mismo Jesucristo, es espíritu y vida; me viene a la mente una imagen de palabras que se mueven y van generando vida, como en el principio de la creación, Dios habló y su idea vino a existencia. La palabra leída tiene una dinámica por si misma, la palabra, en nuestro corazón, genera vida por sí misma; Jesús modeló una vida de oración en la que la palabra escrita fue relevante; seamos sabios y démosle el valor y el puesto que la Biblia se merece. Cabe preguntarnos: ¿estamos dándole a la palabra de Dios, la Biblia, un lugar preponderante en nuestra vida? Muchas familias tienen un lugar especial de su casa para la Biblia, sin embargo, no le dan la misma importancia en su corazón; sería sensato para aquellas personas acercarse a la palabra todos los días para extraer de ellas la vida que nos ofrece.

Aplicaciones de la palabra de Dios

La palabra de Dios va más allá de comunicar un mensaje o una idea usando vocablos, las palabras expresadas por Dios generan movimiento en el ámbito espiritual el cual, a su vez, genera vida en el mundo material, afecta a nuestras emociones y a nuestra voluntad. **"las palabras que yo os he hablado son espíritu y son vida."** (**Juan 6:63 RVR1960**). Tu alma y la mía requieren que nos relacionemos más con el contenido de la palabra de Dios, para que Esta nos guíe hacia una dimensión espiritual y que atraiga el Reino de Dios a nuestras vidas; la palabra escrita es capaz de generar esa vida abundante que Jesús nos ofrece, esa vida que impacta en los ambientes en los que nos desenvolvemos; la vida cristiana abundante es la mejor carta de presentación para que se abran las puertas para la evangelización, Dios quiere que seamos señal que jamás será quitada, podemos morir o ser asesinados por nuestras convicciones y certezas, pero nuestra vida seguirá generando conciencia en nuestros captores y asesinos, sucedió con los asesinos de Jesús, con los de Esteban y con muchos otros.

El salmo 19 es una obra maestra de la poesía. Contiene principios y verdades sobre la palabra de Dios, las cuales revisaremos como corolario del presente capítulo. Cada descripción contiene una característica de la palabra de Dios y también uno de los efectos que esta puede lograr en nuestras vidas. Dichos principios y verdades son sencillos de entender y aplicar, y reflejan el carácter de Dios y su anhelo de bendecir a la humanidad.

- La palabra de Dios contiene enseñanzas (son perfectas porque vienen de Dios, que es perfecto y conoce al ser humano en lo íntimo de su ser). Estas enseñanzas que Dios comparte en su palabra producen una renovación y una transformación integral; nuestra sociedad está hambrienta de ellas, pero se alimenta de cosas intrascendentes, cuyas formas son simplemente maquillajes que no transcienden en lo profundo del ser interior. Millones de consejos se publican en libros, revistas y ahora en las redes sociales. Estos pretenden encaminarse a mejorar la vida de las personas y su entorno, pero la mayoría de dichos consejos son inaplicables, intranscendentes y equivocados; sin embargo, la palabra de Dios es perfecta y, como tal, es exactamente lo que necesitamos los seres humanos para obtener los resultados que estamos buscando. **"Las enseñanzas del Señor son perfectas, reviven el alma." (Salmos 19:7 RVR1960).** Dios entiende que el alma humana está sumida en un letargo, apabullada por las realidades que le circundan, y necesita recibir un aliento de vida; Dios anhela ver el alma del varón y de la mujer en todo su potencial y, por tanto, imparte sus enseñanzas.

- La palabra de Dios contiene también decretos, estos son las expresiones de la autoridad y soberanía de Dios, y son confiables por la fuente, porque Dios es confiable. Él no cambia, es el mismo desde la eternidad hasta la eternidad; los decretos de Dios aplicados en las vidas de muchas personas han demostrado tener efectos positivos, millones de millones han sido transformados al declarar los decretos de Dios, el universo entero se mueve en armonía bajo los decretos de Dios. Conocerlos, entenderlos y aplicarlos permite que abandonemos nuestra simpleza y comencemos a actuar con sabiduría. **"Los decretos del Señor son confiables, hacen sabio al sencillo." (Salmos 19:7 NTV).** Dios anhela hombres y mujeres llenos de sabiduría que sean agentes de cambio en todos los ámbitos del devenir de la sociedad: educación, fianzas, familia, arte, religión, entretenimiento, gobierno y medios.

- Además, la palabra de Dios contiene reglas claras, normas con carácter obligatorio que mandan, prohíben o permiten determinados comportamientos, y tanto su acatamiento como su incumplimiento producen consecuencias inmediatas y/o mediatas. Estos mandamientos difieren de las leyes que los seres humanos elaboramos, pues éstas contienen una agenda oculta bajo el lema de bien público; son leyes torcidas que al paso de los años se deben corregir, luego de experimentar las consecuencias negativas que producen, porque desde su concepción fueron erradas. En cambio, los mandamientos de Dios son rectos; aplicarlos produce gran beneficio que traen alegría a quienes los abrazamos y alegría a quienes están a nuestro alrededor. **"⁸Los mandamientos del Señor son rectos; traen alegría al corazón. ⁹Los mandatos del Señor son claros; dan buena percepción para vivir." (Salmos 19:8-9 NTV).** Dios anhela un mundo lleno de alegría, aunque la mayoría persigue la felicidad tratando de alcanzar sus propias metas, estableciendo sus normas, cuando la verdadera felicidad está en obedecer los mandatos de Dios. Muchas filosofías adolecen de claridad, muestran incoherencias e inconsistencias, son como una cobija corta, cuando te tapas los hombros te descobijas los pies y viceversa; por el contrario, los mandatos de Dios son claros y consistentes, nos dan una buena perspectiva de la vida, se pueden compara con una cobija del tamaño ideal que nos mantiene abrigado todo el cuerpo.

- Otro de los contenidos relevantes de la palabra de Dios consiste en leyes emanadas de su conocimiento y su sabiduría, leyes bajo las cuales el universo funciona a la perfección, leyes físicas, como la de la gravedad, que funcionan sin modificación, o leyes como las de la siembra y la cosecha. **"No os engañéis; Dios no puede** ser burlado: pues todo lo que el hombre sembrare, eso también segará." (Gálatas 6:7 RVR1960). Dios quiere conozcamos las leyes que Él ha establecido, y que se aplican a toda la humanidad, para que vivamos atentos y no las contrariemos para que no nos hagamos daño. "La reverencia al Señor es pura, permanece para siempre. Las leyes del Señor son verdaderas, cada una de ellas es imparcial." (Salmos 19:9 NTV).

- Quienes entendemos la dimensión de la palabra de Dios, la apreciamos en gran manera y, adicionalmente, consideramos un placer recibirla, percibirla; comerla sería una analogía apropiada. "Son más dulces que la miel, incluso que la miel que gotea del panal." (Salmos 19:10 NTV).

- Por otro lado, las propiedades del oro han permitido que sea clasificado como metal precioso, a tal punto de ser un referente en el intercambio de productos: la emisión de monedas por siglos estuvo respaldada por oro, mas, las monedas se deprecian pero el oro aumenta de valor. "Son más deseables que el oro, incluso que el oro más puro." (Salmos 19:10 NTV). Dios nos ha entregado su palabra que es valiosa para nosotros, como el oro es valioso en el plano del intercambio, Dios quiere que seamos prosperados por su palabra y que podamos sostenerla, mantenerla; compartirla como a un tesoro más preciado que el oro más refinado.

- Por último, pero por eso no menos importante, la leyes de Dios sirven de advertencia y amonestación, y funciona, también para corregir, para enderezar, para aligerar nuestro camino; pero siempre debemos considerar que hay mucha recompensa para quienes la obedecen. "Sirven de advertencia para tu siervo, una gran recompensa para quienes las obedecen." (Salmos 19: 11 NTV).

Es imposible sostener una vida de oración sin el recurso importante de la palabra de Dios. Es tan importante y complementario como cada uno de los elementos descritos en este libro: El Espíritu Santo utiliza la Biblia como herramienta de trabajo, la fe utiliza la palabra como fundamento sobre el cual construye; la intimidad con Dios es imposible sin la palabra. La humildad y la santidad carecen de sustancia sin el aporte de la palabra de Dios; por tanto, léela, estúdiala, medítala, ámala, vívela.

Capítulo 3
LA SANTIDAD Y LA ORACIÓN

Separación con un propósito

En Esparta, una de las ciudades estado de la Antigua Grecia, los hombres eran separados desde pequeños para ser guerreros. Seleccionaban a los fuertes para que recibieran permanente entrenamiento físico, mental e instrucción sobre estrategias de guerra. Los espartanos eran conocidos por su fuerza y bravura. Los Juegos Olímpicos, como los conocemos hoy, nacieron en esa ciudad; se competía por el honor, los hombres mostraban su capacidad atlética y eran premiados con una corona de laurel, se podía reconocer un espartano tanto al caminar en la calle como al pelear en el fragor de una batalla.

Esta reseña nos permite ilustrar el concepto de santidad, la palabra *santos* se refiere a quienes somos separados por y para Dios. Su propósito es formar a Cristo en nosotros mediante entrenamiento y capacitación dispensados por el Espíritu Santo –somos instruidos en el amor, en la guerra y en el conocimiento de Dios– hasta que lleguemos a dar la talla de Jesucristo: **"hasta que todos lleguemos a la unidad de la fe y del conocimiento del Hijo de Dios, a un varón perfecto, a la medida de la estatura de la plenitud de Cristo". (Efesios 4:13 RVR1960).** La vara es muy alta, es un gran desafío para el Espíritu Santo y para todos los cristianos.

Separados del resto de la humanidad, nos enfocamos en Dios y comenzamos una vida de intimidad con Él, enmarcados en su voluntad y transitando por aquellos caminos que nos designa, bajo los principios del reino, establecidos por Él. Nuestra elección se realizó antes de la fundación del mundo, esto demuestra la gracia de Dios para con nosotros, antes de que existiéramos ya fuimos escogidos: **"según nos escogió en él antes de la fundación del mundo, para que fuésemos santos y sin mancha delante de él" (Efesios 1:4 RVR1960).**

Huerto cerrado

El rey Salomón, el hombre a quien Dios le otorgo una sabiduría inigualable, nos muestra en forma poética lo que significa ser separados para Dios, él habla del concepto de *huerto cerrado*. Un huerto sería un espacio de tierra separado y dedicado al cultivo de varios productos; el agricultor escoge, separa y cierra el acceso para que esa parcela se convierta en su huerto personal; nadie más tiene acceso, solamente él. Dios nos escoge, nos separa y nos sella con el Espíritu Santo, nos convertimos en ese huerto cerrado en el que nadie puede entrar, sólo Él, cultiva en nosotros sus frutos más apetecidos y nos convertimos en su deleite y Él en el nuestro. **"Huerto cerrado eres, hermana mía, esposa mía; Fuente cerrada, fuente sellada." (Cantares 4:12 RVR1960***)*. Esta afirmación nos permite conocer que Dios anhela la exclusividad en la relación, pues Él es un Dios celoso, con cuidado remueve o reubica otros afectos que compiten por nuestro corazón

Por su parte, la esposa de Salomón dispuso en su corazón tener un solo amor en su vida, el Rey y solo a él entregarse apasionadamente, la poesía nos muestra una esposa apasionada, que guarda su corazón y todo lo que en él se produce para su amado. **"Levántate, Aquilón, y ven, Austro; Soplad en mi huerto, despréndanse sus aromas. Venga mi amado a su huerto, Y coma de su dulce fruta." (Cantares 4:16 RVR1960).** Que los vientos recios recojan en su brisa los olores que se desprenden de su amor y lo lleven hasta su amado, para que éste, al percibirlos, sea atraído hacia ella para disfrutar ambos en intimidad. **"Yo vine a mi huerto, oh hermana, esposa mía; He recogido mi mirra y mis aromas; He comido mi panal y mi miel, Mi vino y mi leche he bebido" (Cantares 5:1 RVR1960).** El rey es atraído hacia su esposa al recordar los sabores, los aromas y las sensaciones que causa la presencia de su amada, y corre hacia ella para deleitarse juntos de este apasionado romance; al final del verso aparece la voz del narrador de la escena que alienta este apasionado encuentro y dice: **"Comed, amigos; bebed en abundancia, oh amados." (Cantares 5:1 RVR1960).**

Ciertamente, los relatos de esta relación entre el rey y su esposa nos hablan del concepto de *huerto cerrado*, que no es otra cosa que la intimidad profunda; Jesucristo representa al rey y nosotros a su amada esposa, hemos sido escogidos (santos) con este propósito: establecer una relación de profunda intimidad entre nosotros y Dios. Que una vez separados, el Espíritu Santo cultive en nuestro interior, en nuestro corazón, este amor apasionado por Jesucristo, que llene todo, en todo y que sea exclusivo para Él. Por su parte, Jesucristo, nuestro esposo, ya entregó la expresión de amor nunca igualada al morir en la cruz. Nosotros le amamos porque Él nos amó primero. Desde antes de que fuésemos, Él ya nos amó. Jesucristo menciona el concepto de *huerto cerrado* en los siguientes términos. **"El que ama a padre o madre más que a mí, no es digno de mí; el que ama a hijo o hija más que a mí, no es digno de mí." (Mateo 10:37 RVR1960).** Podemos concluir que el concepto de santidad tiene en esencia el significado de *huerto* cerrado, si Dios pagó un precio tan alto por nosotros para redimirnos, tiene todo el sentido reclamarnos para sí con la intención de que participemos con Él, en esa intimidad apasionada descrita en el Cantar de los Cantares.

¿Podemos imaginar un lugar hermoso en medio de una pradera? Un huerto cerrado por todos sus lados, inaccesible, excepto para su dueño, muy bien cuidado y con hermoso diseño, con su fuente de agua y muy productivo, del que emanan los aromas más delicados y profundos que atraen la atención de su dueño, mientras este disfruta y se complace, come de sus frutos y bebe de su fuente, percibe las fragancias que emanan de las flores, escucha el trinar de las aves, come la miel de su panal, bebe del vino de su viña, disfruta del sonido que produce el viento cuando sopla entre los árboles; así es como imaginamos el placer que se produce en el corazón de Dios cuando vivimos en santidad, separados para Él, y somos exclusivamente de Él.

Escogidos, purificados y perfeccionados

Sobre la santidad, tres conceptos muy importantes subyacen en la Biblia: el escogimiento, la purificación y el perfeccionamiento, cada uno de estos conceptos es explicado en los siguientes párrafos. Pongamos mucha atención, pues de entenderlos dependerá nuestra comprensión clara del tema: fuimos escogidos desde antes de la fundación del mundo, purificados de toda maldad, limpios de todo pecado, liberados de toda condenación, y estamos siendo perfeccionados hasta llegar a la estatura de Jesucristo. Cada una de estas tareas tiene a un miembros de la Trinidad como protagonista: El Padre nos escogió, el Hijo nos purificó, y Espíritu Santo dirige el proceso de perfeccionamiento

Escogidos por el Padre, por su sola voluntad

"**3Bendito sea el Dios y Padre de nuestro Señor Jesucristo, que nos bendijo con toda bendición espiritual en los lugares celestiales en Cristo, 4según nos escogió en él antes de la fundación del mundo, para que fuésemos santos y sin mancha delante de él.**" (Efesios 1:3-4 RVR1960). El apóstol Pablo señala como protagonista de nuestro escogimiento al Padre de nuestro Señor Jesucristo, la primera persona de la Trinidad; nos deja saber que lo hizo antes de la fundación del mundo, no esperó nuestro nacimiento y tampoco esperó que desarrolláramos nuestra personalidad o nuestro carácter para mirar los rasgos y tomarlos como parámetros. Él lo realizó antes de que existiera un espacio en el cual conviviéramos, es decir, antes de que pusiera a andar el cronómetro del tiempo.

Algunos, sin mayor fundamento bíblico, piensan que Dios usó su conocimiento previo de nuestras vidas y, que encontró un valor en nosotros y que ese criterio que se convirtió en el fundamento para que ahora estemos aquí, escribiendo y leyendo este libro; nada más alejado de la verdad; el parámetro para su elección fue su sola voluntad: "**en amor habiéndonos predestinado para ser adoptados hijos suyos por medio de Jesucristo, según el puro afecto de su voluntad.**" (Efesios 1:5 RVR1960). Vemos que no hay influencias externas, fuera de su ser no existe algo que pudo influenciar esa decisión; esto se llama *GRACIA* y es algo inmerecido, su fundamento está en su sola voluntad; por tanto, no existe una persona que pueda decir que fue escogido por el Padre por algún mérito personal; entendemos como *gracia* al hecho de recibir algo positivo sin merecerlo. Es importante saber esto, porque de su entendimiento emergen la humildad y la gratitud eternas que debemos extender siempre a nuestro Dios y Padre por habernos escogido. **"⁵Así también aun en este tiempo ha quedado un remanente escogido por gracia. ⁶Y si por gracia, ya no es por obras; de otra manera la gracia ya no es gracia. Y si por obras, ya no es gracia; de otra manera la obra ya no es obra." (Romanos 11:5-6 RVR1960).**

Es muy importante entender que fuimos escogidos por la sola voluntad de Dios: su gracia. Lo siguientes es descubrir el propósito que Dios tuvo para escogernos, en este punto es donde nos confundimos, pensamos que el propósito está en nosotros, para que desarrollemos todas nuestras capacidades y lleguemos a ser agentes de transformación en el mundo, sal y luz a las naciones. Esta forma de pensar proviene de nuestra cultura humanista; en esta filosofía, el ser humano es el centro del universo y Dios es el medio para alcanzar nuestras metas, convirtiéndose en un comodín al servicio de nuestro desarrollo personal. Esta confusión se despeja cuando entendemos que el propósito de ser escogidos también está en Dios, en su beneplácito, para su honra y su gloria: **"para alabanza de la gloria de su gracia, con la cual nos hizo aceptos en el Amado." (Efesios 1:6 RVR 1960).** El presupuesto que maneja Dios para nuestra elección es que seamos motivo de su alabanza y de su gloria, que las personas que nos conozcan, y nosotros mismos, podamos juntos alabar a Dios por sus proezas y sus misericordias derramadas en nuestras vidas, y así se le dé la gloria que se merece. Concluimos entonces que el resultado final de nuestra elección redundará en gloria para Él, no para nosotros.

Hay una institución jurídica que nos permite entender nuestro estatus legal en relación con Dios y sus escogidos, se llama *ADOPCIÓN*, es una institución del derecho, considerada en las legislaciones del mundo, por la cual una persona (niño o niña) pasa a ser parte de una familia sin tener vínculo sanguíneo, por una sentencia emitida por la autoridad competente –en la mayoría de los casos un Juez o Tribunal de justicia–, la sentencia la pronuncia el Juzgador luego de escuchar la petición de la familia que recibirá al niño o a la niña en su seno, y después de considerar su idoneidad. Con la sentencia ejecutoriada, ya no hay vuelta atrás, la adopción está consumada, y al niño o niña se le considera como miembro permanente de la familia, con todos los derechos y obligaciones de un hijo biológico. De la misma manera, Dios pronunció una sentencia de adopción sobre nosotros, por la cual adquirimos los derechos de un hijo de Dios, nuestra nueva identidad trasciende la dimensión terrenal y se convierte en eterna, coherederos con Cristo, como príncipes y princesas del Reino de Dios; por último, consideremos que nuestro servicio a Dios no lo hacemos como simples siervos, sino como hijos que sirven a su Padre.

Purificados por el Hijo a través de su Sangre derramada en la Cruz

Alguna vez encontré en la calle, entre el lodo, una piedra que parecía valiosa y la tomé del piso. Luego la llevé a donde un joyero, quien confirmó su valor, la limpió y la montó en un dije y quedó lista para llevarla conmigo a todas partes. Este episodio nos sirve para considerarlo como analogía de lo que sucedió con nosotros; nuestro Padre celestial nos escogió para sí, esto se produjo antes de la fundación del mundo, el siguiente paso lo realizó nuestro amado Señor y Salvador Jesucristo mediante el proceso al que llamamos *PURIFICACIÓN*. Su tarea fue la de limpiarnos y purificarnos debido a nuestra paupérrima condición de pecadores recubiertos de maldad; fue una limpieza profunda. Recordemos que estábamos condenados por nuestras transgresiones a una vida sin Dios y a una eternidad lejos de Él. Habíamos sido destituidos de la gloria de Dios, nos habíamos desviado del camino correcto y andábamos en nuestros delitos y pecados.

Nuestra contaminación no fue fácil de limpiar, estaba a nuestro alrededor y dentro de nosotros. Tomemos como ejemplo una prenda de vestir percudida (*percudida* es una palabra para describir la condición grave de impureza de la ropa blanca), la contaminación es tan grande que es imposible que pueda volver a su condición inicial, se la tiene que someter a un proceso químico para remover la suciedad, aunque lo más probable es que la prenda se dañe, ninguno especialista garantiza que la prenda vuelva a su estado original. De la misma manera, el grado de contaminación que manteníamos era superlativo y esa condición aparentemente era irreversible. Solamente el Hijo de Dios, la segunda persona de la Trinidad, pudo limpiarnos: descendió del cielo, despojándose de sí mismo y se humilló hasta la muerte en la cruz, cargó nuestra suciedad y toda nuestra impureza sobre Él, y sobre Él fue descargada la ira de Dios. El costo de nuestra purificación fue tan alto que sería imposible para nosotros pagarlo; ni toda la riqueza de este mundo podría acercarse al precio que pagó Jesús por nuestra purificación. **"¹⁸ sabiendo que fuisteis rescatados de vuestra vana manera de vivir, la cual recibisteis de vuestros padres, no con cosas corruptibles, como oro o plata, ¹⁹sino con la sangre preciosa de Cristo, como de un cordero sin mancha y sin contaminación." (Pedro 1:18-19 RVR1960).** Es importante señalar que, luego de la purificación no somos la misma persona; a partir del proceso de purificación se nos otorgó la condición de nueva criatura, fue nuestro segundo nacimiento, el primero en la carne y el segundo en el Espíritu; el viejo hombre murió crucificado juntamente con Cristo y, en ese momento, emergió una nueva criatura.

Recordemos el verso más conocido en el mundo cristiano y que todos aprendemos de memoria: **"Porque de tal manera amó Dios al mundo, que ha dado a su Hijo unigénito, para que todo aquel que en él cree, no se pierda, mas tenga vida eterna. (Juan 3:16 RVR1960).** Este concepto de *provisión sobrenatural de Dios para nuestra purificación* excluye cualquier posibilidad de purificación por nuestra propia cuenta, no hay méritos suficientes que podamos generar para alcanzar la purificación de nuestro ser en la dimensión que logró Jesucristo. Es inconcebible pensar que podemos acercarnos a Dios con nuestra ofrenda de paz; cuando lo hacemos, desechamos a Jesucristo –la provisión sobrenatural del Padre– y cuando desechas a Jesucristo, ya no hay más ofrenda valida: solo Cristo en nuestra esperanza de salvación. Recordemos la historia de Caín, el hermano de Abel, quien presentó una ofrenda distinta a la que Dios ordenó que se presentara; esa ofrenda no fue aceptada por Dios. El desenlace de la historia es conocido por todos, la injusta muerte de Abel por su hermano, y el castigo.

La sangre derramada por Jesucristo hace dos mil años sigue siendo efectiva hoy, su capacidad de limpieza es infinita, no hay mancha que no pueda quitar, ni maldad que no elimine, y a pesar de ser tan poderosa, no daña al individuo sobre quien es derramada:" **la sangre de Jesucristo su Hijo nos limpia de todo pecado." (Juan 1:7 RVR1960).** Juan el Bautista lo declara cuando mira a Jesús en la fila para ser bautizado. **"El siguiente día vio Juan a Jesús que venía a él, y dijo: He aquí el Cordero de Dios, que quita el pecado del mundo." (Juan 1:29 RVR1960).**

Cuando hablamos de esta purificación ejecutada por Jesucristo en nuestro favor, debemos decir y certificar que fue hecha de una vez y para siempre; debemos entender esta afirmación, porque el enemigo de nuestras almas tratará de negarla en nuestras vidas; a través de sus palabras de engaño intentará convencernos de que fuimos purificados pero que, cuando pecamos perdemos esa purificación y la tenemos que lograr nuevamente. La gran noticia es que nuestra purificación la realizó Jesucristo una vez y para siempre, esa pureza no la perdemos; ocasionalmente, podemos mancharnos por nuestro pecado y nuestra rebelión, pero es cuestión de confesarlas y la pureza queda intacta, jamás la perderemos; **"porque esto lo hizo una vez para siempre, ofreciéndose a sí mismo. (Hebreos 7:27 RVR1960).** El tema es de enfoque y de inercia, cuando nuestra mirada está puesta en Jesús (enfoque) y, nuestros pasos y nuestras ideas transitan en los caminos y pensamientos de Dios (inercia). El pecado puede sacarnos de enfoque y hacernos disminuir el paso, sin embargo, un sencillo impulso nos pone de vuelta en nuestro enfoque inicial (Jesús) y a nuestro paso sostenido en los caminos y pensamientos de Dios (inercia).

"⁶Y voló hacia mí uno de los serafines, teniendo en su mano un carbón encendido, tomado del altar con unas tenazas; ⁷y tocando con él sobre mi boca, dijo: He aquí que esto tocó tus labios, y es quitada tu culpa, y limpio tu pecado." (Isaías 6:6-7 RVR1960). En el relato, Isaías es trasladado en visión ante el trono de Dios, en un momento dado, el escritor toma conciencia de que se encuentra frente a Dios y lo sobrecoge su realidad de ser hombre pecador y provenir de un pueblo pecador, por tanto, su vida está en riesgo de ser consumida por la pureza de Dios, como cuando el fuego consume la hojarasca. En ese momento se acercó a él un ser angelical con unas tenazas es su mano llevando un carbón encendido con el cual toca sus labios: Isaías fue purificado por el fuego. Esta purificación proviene de un agente externo, es la provisión de Dios salida del mismo altar del trono de Dios; esto deja fuera toda posibilidad de purificarnos a nosotros mismos; este es un aspecto diferenciador del cristianismo con las religiones que demandan la purificación personal mediante algún rito o penitencia; para el cristianismo, la purificación la recibimos de Dios por medio de Jesucristo. Somos escogidos por el Padre y purificados por el Hijo, **"el cual, siendo el resplandor de su gloria, y la imagen misma de su sustancia, y quien sustenta todas las cosas con la palabra de su poder, habiendo efectuado la purificación de nuestros pecados por medio de sí mismo, se sentó a la diestra de la Majestad en las alturas."** **(Hebreos 1:3 RVR1960).** La provisión de Dios para nuestra purificación salió del trono de Dios y luego de purificarnos volvió a su lugar a retomar su autoridad y poder.

Perfeccionados por el Espíritu Santo

"Porque escrito está: Sed santos, porque yo soy santo." (Pedro 1:16 RVR1960).

Una vez ESCOGIDOS por Dios, desde antes de la fundación del mundo y, PURIFICADOS por Jesucristo por una vez y para siempre entramos en el proceso de PERFECCIONAMIENTO, a cargo de la tercera persona de la Trinidad, el maravilloso ESPÍRITU SANTO.

La santidad también está relacionada con la perfección y esta con la rectitud; ser rectos y cabales en la vida significa tomar las decisiones correctas enmarcadas en la ética y en la moral establecidas por Dios, en las normas dictadas por Él en su palabra y dentro del código de ética que Jesucristo modeló en la tierra. El estándar de perfección establecido por Dios, no llega de la noche a la mañana, es un proceso que se da a lo largo de nuestra vida, es un entrenamiento y un aprendizaje que involucra aciertos y desaciertos, caídas y levantadas, transgresión y corrección, es la aventura de andar los caminos de Dios, aprender de Él y vivir en este mundo de tal manera que CRISTO SEA GLORIFICADO. El perfeccionamiento es tarea compartida entre el Santo Espíritu de Dios y nosotros, lo que significa que en la mente de Dios no se consideró poner sobre nuestros hombros la carga pesada del perfeccionamiento, sino que es compartida, siendo el Espíritu Santo quien lleva el mayor peso. El esfuerzo personal es importante, pero más importante en alcanzar esa santidad demandada es la mano del Espíritu Santo, quien nos instruye, nos alienta, nos convence de nuestros errores; Él es nuestro maestro, nuestro consejero, nuestro amigo para siempre.

Como es evidente, el Espíritu Santo también es provisión del cielo y cumple dos propósitos en nosotros: Él es el sello de separación (santidad) puesto en nosotros, es como si nos pusieran un chip de identificación que al final del tiempo permitirá separar a los que somos hijos de Dios de aquellos que no lo son. El ejemplo es demasiado simple, tomando en cuenta que el Espíritu Santo es una persona, la tercera de la Trinidad, y que por tanto es Dios; esto nos permite entender el segundo propósito de recibir la bendita persona del Espíritu Santo en nosotros: Él es la provisión del cielo para vivir en pureza y perfección delante de Dios y del resto de personas, y nos convierte en testimonio permanente de la obra de Cristo.

Entendemos que el protagonista del perfeccionamiento es el Espíritu Santo, sin embargo, necesita de nuestra voluntad para ejecutar su obra; Él no puede romper nuestro libre albedrío para culminarla, nosotros debemos poner de parte, usar nuestra voluntad y escoger participar en el proceso. Arriesgándonos a ser criticados, lancemos un porcentaje de participación en el proceso de purificación y digamos que el 80% de la carga la lleva el Espíritu Santo y nosotros el 20%. Esta no es una idea descabellada, ya que el Espíritu Santo, siendo Dios, tiene más que aportar que nosotros, simples seres humanos. Con la presente reflexión, quiero resaltar la trascendencia de considerar al Espíritu Santo como imprescindible en nuestra vida cristiana.

Perfección buscada

Nos parece que nuestro 20% contra el 80% del Espíritu Santo será fácil de llevar, pero consideremos que vivimos en medio de una sociedad en decadencia moral y ética en todos los ámbitos: político, religioso, educativo, deportivo, artístico, etc. Tomemos en cuenta también que crecemos bajo la premisa de que el ser humano es el centro de la existencia, y que, por tanto, la gratificación propia constituye el objetivo a conseguir. La frase que resume el pensamiento de esta época es *haz lo que te dicte el corazón;* esta forma de pensar ha vuelto al ser humano indulgente consigo mismo, al punto de permitirse ciertas libertades que no tolera en otras personas y de enredarse dulcemente en el pecado, sin experimentar culpa o dolor por ello. Consideremos que este comportamiento ha permeado las estructuras de la Iglesia; la muestra es palpable según las estadísticas: la misma tasa de divorcio que tiene la sociedad en general, la tenemos dentro de la Iglesia, los embarazos de adolescentes se producen en la misma proporción, vemos los escándalos sexuales de los políticos al mismo tiempo que los perpetrados por líderes de la Iglesia, y la lista sigue… Entendemos entonces que entregar ese 20% se pone cuesta arriba; **"porque si vivís conforme a la carne, moriréis; mas si por el Espíritu hacéis morir las obras de la carne, viviréis." (Romanos 8:13 RVR1960)**. El riesgo de fallar en esa pequeña parte que nos corresponde es grande.

Nuestro perfeccionamiento fue una plegaria constante durante la vida del apóstol Pablo. **"Hijitos míos, por quienes vuelvo a sufrir dolores de parto, hasta que Cristo sea formado en vosotros".** (Gálatas 4:19 RVR 1960). No debemos relajarnos en nuestro proceso de perfeccionamiento, pues las consecuencias son trágicas; nuestra vida espiritual depende de ello, pero también la comunidad cristiana depende de ello, ya que estamos llamados, como individuos, a aportar en la edificación del cuerpo de Cristo. Si fallamos como individuos, también fallará la Iglesia de Cristo. Como se explica en la Biblia: **"¹²a fin de perfeccionar a los santos para la obra del ministerio, para la edificación del cuerpo de Cristo, ¹³hasta que todos lleguemos a la unidad de la fe y del conocimiento del Hijo de Dios, a un varón perfecto, a la medida de la estatura de la plenitud de Cristo".** (Efesios 4:12-13 RVR 1960).

¿Cuáles son algunas pruebas de que el proceso de perfeccionamiento está dando frutos? Las evaluaciones son importantes cuando tenemos un objetivo, como en nuestro caso, el de llegar a ser como Jesucristo. En un momento dado vamos a ver ciertos rasgos de Jesús en nuestras vidas, y no nos referimos al parecido físico, sino a la virtud que desplegó ante la gente cuando estuvo en medio de su pueblo. Sabremos que el perfeccionamiento comienza a dar frutos cuando la justicia, la misericordia y humildad que modeló Jesús sean nuestra forma de pensar y de actuar; oidores y hacedores de la palabra, no como muestras aisladas estrellas fugaces, sino con actitudes permanentes, convicciones ineludibles: Jesús modeló la compasión frente al dolor humano, su ternura al referirse a su nación, su firmeza frente a la injusticia, el amor por sus enemigos y los de su nación y su entrega en beneficio de todos nosotros. Su mente estaba ocupada en la obediencia y sujeción a la voluntad del Padre, mientras que sus manos se ocupaban de sanar a los enfermos, libertar a los cautivos, consolar a los que sufrían, expulsar demonios. Con la misma dinámica, se ocupaba en ser anfitrión del Espíritu Santo en episodios como el de la viuda de Sarepta, el del siervo del centurión Romano, el de los leprosos y ciegos, el de los endemoniados, el de la multitud hambrienta, el del clamor sobre Jerusalén, y aquel que es el corolario del amor, su crucifixión y muerte de cruz: con sus brazos abiertos, recibe el pecado de la humanidad y la ira del Dios derramada sobre sí, presentándose ante el Padre como el sacrificio perfecto y suficiente por los pecados de todos nosotros, haciéndonos aceptos delante de Dios.

La perfección que está en Cristo se debe reflejar en nosotros, tenemos morando en nosotros el mismo Espíritu Santo de Dios que lo hace posible; no podemos distraernos ni detenernos en el camino, sino siempre seguir adelante a pesar de las bendiciones y caídas. **"[12]No que lo haya alcanzado ya, ni que ya sea perfecto; sino que prosigo, por ver si logro asir aquello para lo cual fui también asido por Cristo Jesús. [13] Hermanos, yo mismo no pretendo haberlo ya alcanzado; pero una cosa hago: olvidando ciertamente lo que queda atrás, y extendiéndome a lo que está delante, [14] prosigo a la meta, al premio del supremo llamamiento de Dios en Cristo Jesús. (Filipenses 3:12-14 RVR1960).**

Una vida de rectitud demanda manifestaciones de nuestra voluntad convertida en acciones y omisiones que nos permiten ser calificados como honestos y honorables, son acciones coherentes con nuestra identidad en Cristo como príncipes y princesas del reino, un nuevo ser capaz de vivir en rectitud siendo piadoso, de buena conducta, producto de un discernimiento claro sobre el bien y el mal. Acciones llevadas en la justicia de Dios, marcando el paso en la sociedad, tomando la bandera en favor de los desamparados, desposeídos y de aquellos que no pueden levantar su voz. En síntesis: hombres y mujeres que obran en justicia. **"Mas el Dios de toda gracia, que nos llamó a su gloria eterna en Jesucristo, después que hayáis padecido un poco de tiempo, él mismo os perfeccione, afirme, fortalezca y establezca." (Pedro 5:10 RVR1960).**

A la televisión de mi país llegó un concurso para encontrar una persona que se pareciera y cantara como un artista consagrado, los concursantes se veían muy parecidos al artista al que representaban y, para mi sorpresa, su voz se escuchaba idéntica a la original. El productor contrató personajes de la farándula para ser jueces y, luego de varias semanas de concurso, eligieron a quien más se parece a su personaje, tanto en apariencia como en voz. Esta ilustración nos permite entender que el Espíritu Santo de Dios tiene la tarea de formar a Jesucristo en nosotros, esto es, perfeccionarnos hasta llegar a la estatura de Cristo, como lo dijimos antes, no nos referimos a su apariencia física, sino sus atributos y a sus virtudes; es obvio que el Espíritu Santo requiere nuestra colaboración total y, obviamente, una relación íntima con Él –la misma que redundará en nuestro beneficio y en el de quienes nos rodean–. Nuestro compromiso y dedicación serán recompensados con el galardón del triunfo, es un camino que nos depara muchos éxitos y también caídas; pero al final de la carrera, la gloria.

Perdón, arrepentimiento y confesión

Perdón

El perdón es producto codiciado por la humanidad, las ofensas han ocasionado devastación en personas, familias, comunidades, países, etc., el único remedio para semejante devastación es el perdón –lastimosamente, es un bien escaso pese a todos los esfuerzos realizados por la humanidad para reproducirlo; y es que, mucho depende de la condición humana, los hombres y las mujeres no tenemos la disposición de pedir perdón en primera línea, y tampoco aquella para perdonar, sin esas inclinaciones, las ofensas continúan minando el interior de los afectados–. La convención humana ha establecido un mecanismo que intenta satisfacer la necesidad del perdón: primero, el agresor debe confesar su ofensa, tiene que ser convincente; segundo, debe arrepentirse, debe mostrar con hechos ese cambio que requiere el agredido para satisfacer su anhelo de vindicación. Dependiendo de la envergadura de la ofensa, este proceso puede tomar días, meses o años. Luego, el ofendido, considerando que los méritos sean suficientes para él, graciosamente, concede el perdón, pero con la advertencia de que esta será la última vez que perdona. El perdón concedido es el medio para restituir la paz, sanar emociones, reconciliar, restaurar relaciones, etc.

Ya en el plano espiritual, hemos visto que el ser humano ofende a su hacedor de muchas maneras, esta ofensa ocasiona que la relación con Dios se rompa y se encuentre en condición de ofensor –dejando a Dios en condición de ofendido–. Es indispensable la reconciliación. A veces pensamos que el mecanismo para obtenerla es el mismo descrito en el párrafo anterior; sin embargo, y gracias a Dios, no es así. La reconciliación con Dios tiene una dinámica distinta porque los elementos cambian de orden, ya no son confesión, arrepentimiento y perdón como en el caso señalado. Para beneficio de toda la humanidad, el perdón de Dios no requiere enmienda, no se lo puede ganar, nada de lo que hiciéramos podría cubrir la ofensa, nada podría satisfacer la justicia de Dios; pero, por otro lado, lo más extraño es que Dios toma la iniciativa, viene en busca de sus ofensores. **"Venid luego, dice Jehová, y estemos a cuenta: si vuestros** pecados fueren como la grana, como la nieve serán emblanquecidos; si fueren rojos como el carmesí, vendrán a ser como blanca lana." (Isaías 1:18 RVR1960). El Señor toma la iniciativa, manifiesta su deseo de perdonar, de limpiar toda ofensa y de emblanquecer nuestra alma con su perdón. No requiere otra cosa que acercarnos a Él, no hay condición, solo que vengamos a Él. "Yo deshice como una nube tus rebeliones, y como niebla tus pecados; vuélvete a mí, porque yo te redimí." (Isaías 44:22 RVR1960). Hay momentos en que la gramática es muy importante para entender el significado del texto, en el caso de Isaías 44:22, la conjugación de los verbos *deshacer* y *redimir*, está en pasado y su conjugación en primera persona del singular (*yo*); mientras que la conjugación del verbo *volver* está en presente de la segunda persona del singular (*tú*). Entendemos entonces que Dios deshizo nuestros pecados en el pasado y que nuestra redención se fincó en aquel tiempo anterior, mientras que la invitación para recibirlo por parte de Dios está en el presente simple (ahora). Adicionalmente, debemos resaltar que el perdón ofrecido por Dios es integral, es la redención del ser humano de todas sus ofensas, no solamente de una; pero también el perdón es capaz de transformar al humano en un nuevo ser al que Pablo señala como *nueva criatura*. Maravilloso perdón.

"Yo, yo soy el que borro tus rebeliones por amor de mí mismo, y no me acordaré de tus pecados." (Isaías 43:25 RVR1960). Es importarte saber el porqué, ¿Cuál es el fundamento de la disposición de Dios de perdonarnos? Podríamos pensar que la inclinación de Dios por perdonarnos es una señal de debilidad, pensamos que Dios nos necesita y por eso nos perdona. Isaías establece claramente que la motivación al perdón está en sí mismo, por el amor que existe entre los tres miembros de la trinidad, " por amor de mi mismo". Esta declaración nos quita de encima mucha carga, en el sentido de que el perdón de Dios no depende de nosotros, de lo buenos que somos, o de lo arrepentidos que estemos, o de la hermosa confesión que expongamos delante de su trono, ni de nuestros esfuerzos para enmendarnos; la esencia de tal magnánimo perdón está en el mismo Dios, por amor a sí mismo. Él nos perdona, borra nuestros pecados; repito, porque es importante, no tiene nada que ver nuestras obras. El pecado, por el cual abandonamos a Dios, es gratificante al inicio pero luego se transforma en una carga insufrible; nos convertimos en esclavos por esta razón, queremos repetirlo a menudo para experimentar los dulce y complaciente que resulta, y luego nos viene la amargura. Pensemos en cómo Isaías encontró en el perdón de Dios, la liberación de su alma. **"He aquí, amargura grande me sobrevino en la paz, mas a ti agradó librar mi vida del hoyo de corrupción; porque echaste tras tus espaldas todos mis pecados." (Isaías 38:17 RVR1960).**

Quienes hemos experimentado la limpieza de nuestros pecados y nuestra maldad entendemos haber iniciado el camino de santidad. Entonces, la santidad es un camino, mas no una meta. No llego a ser santo, yo soy santo mientras adopte la voluntad de Dios y transite en sus caminos. Está sobreentendido que, al rechazar la oferta del perdón de Dios, no queda forma de reconciliarnos con Él; es *a su* manera *la única* manera. Solo debemos acercarnos a Él, y dejar que Él haga el resto. **"⁶Como también David habla de la bienaventuranza del hombre a quien Dios atribuye justicia sin obras, ⁷diciendo: Bienaventurados aquellos cuyas iniquidades son perdonadas, Y cuyos pecados son cubiertos. ⁸Bienaventurado el varón a quien el Señor no inculpa de pecado." (Romanos 4:6-8 RVR1960).** Dichosa es la persona que sigue la iniciativa de Dios de acercarse a Él para obtener el perdón, pues no será inculpada de pecado, al contrario, será declarada justa, libre de pecado y por tanto, libre de condenación.

Creo que no hay mejor noticia que ésta, la disposición de Dios de perdonarnos; así como es importante la decisión de olvidarse de nuestros pecados y de nuestras iniquidades. Cuántas tragedias familiares hemos conocido ocasionadas por la falta de perdón de un miembro hacia el otro; pero se añade envergadura a esta desgracia cuando los errores de los demás no se olvidan y se mantienen como una herida supurante en el alma.

Consideremos una advertencia muy saludable. Bajo ningún punto de vista asumamos la disposición de Dios a perdonar como una señal de debilidad de su parte. Si así lo hacemos, estaríamos pensando que Dios nos necesita, lo cual es un error de gran magnitud, y nos pone en una condición de arrogancia; la misma que, de hecho, Dios aborrece.

Por otro lado, el despreciar la oferta de Dios nos deja en la condición que siempre hemos estado, la de recibir la ira de Dios, no perdamos de vista su disposición de perdonar y su decisión de olvidar nuestros pecados e iniquidades, están íntimamente relacionadas con Jesucristo, son características de la esencia misma de Dios y muestran su misericordia y su amor, estas son las que le mueven a perdonarnos; sin embargo, su justicia es la que demanda castigo, somos merecedores de castigo porque todos pecamos y nos revelamos contra Dios, su anhelo de perdonarnos no es mayor al de su justicia, para reconciliar esta encrucijada entre su misericordia y su justicia, desde el principio estableció la muerte sustitutoria, el justo por los injustos, el sacrificio expiatorio, el derramamiento de sangre satisface su justicia; Dios proveyó el sacrificio, el cordero que quita el pecado del mundo, sobre Él el castigo, sobre Él su ira, con el sacrificio quedo satisfecha su Justicia, con el perdón su misericordioso amor. Cuando despreciamos el perdón también estamos despreciando su amor, y peor aún, estamos despreciando a su hijo Jesucristo, el cordero inmolado. "**El que cree en el Hijo tiene vida eterna; pero el que rehúsa creer en el Hijo no verá la vida, sino que la ira de Dios está sobre él.**" (**Juan 3:36 RVR1960***).

Dios proveyó de antemano el perdón que hoy nos ofrece y, como hemos dicho antes, pagó el precio para reconciliar su amor con su justicia, y con esto nos justificó. Vamos a hacer un énfasis intenso en la siguiente frase. ¡Quien desecha esta oferta de perdón y justificación gratuita, no tiene ninguna otra oportunidad de salvación; fuera de Dios, la salvación es imposible! Razonemos, es muy sencillo de entender: sólo Cristo, sólo Cristo.

Arrepentimiento genuino

Cuando delante de nosotros se nos ofrece un regalo, no pensamos mucho para tomarlo; sin embargo, cuando Dios nos ofrece su perdón de forma gratuita, cruzamos los brazos… Primero, porque dudamos que a un regalo tan valioso se lo quiera entregar gratuitamente, pensamos que nos exigirá algo a cambio, como que tuviese una agenda oculta; segundo, porque creemos que al perdón de Dios lo tenemos que ganar de alguna forma, como cuando ofendemos a las personas y hacemos méritos para que nos perdonen. Aceptamos regalos inclusive de extraños pero no aceptamos el regalo de Dios. ¿Quién pierde más con este rechazo, Dios o nosotros?

El perdón de Dios en su condición de regalo pone al arrepentimiento y a la confesión en un segundo plano, lo cual es extraño, porque en las relaciones humanas el arrepentimiento y la confesión preceden al otorgamiento del perdón. ¿Cómo es que el perdón de Dios antecede al arrepentimiento y a la confesión? Es porque el perdón de Dios es gratuito para nosotros, pero Dios pagó un precio muy alto para ofrecerlo de esa manera; por enésima vez diremos, y no nos cansaremos de repetir, que Jesucristo pagó el precio del perdón, recibió el castigo y la ira de Dios sobre sí al morir en la cruz del calvario y cargó todo nuestro pecado y nuestra maldad. Él es el regalo que está ofreciendo Dios de forma gratuita, Él lo compro a precio de sangre y muerte, sin embargo, para nosotros no tiene costo; no hay trucos o agendas escondidas, es un regalo del amoroso corazón de Dios, se llama *gracia* o *regalo inmerecido*. ¿Entonces, en qué momento aparece el arrepentimiento y la confesión?

Luego de acercarnos a Dios y tomar de su mano el perdón, el Espíritu Santo comienza su tarea de animarnos a ver nuestro pecado y la maldad que tenemos enraizada, esta convicción nos permite entender que transgredimos la ley y la moral de Dios y que éramos sujetos de juicio y castigo, que la justicia de Dios se cumplió sobre su Hijo –derramando sobre Él el castigo y la ira que nos correspondía recibir a nosotros–; el Espíritu Santo nos enseña que el juicio por nuestras transgresiones y rebeliones se realizó y la sentencia de muerte se ejecutó sobre Jesucristo, cerrando nuestro caso para siempre, no hay más condenación para nosotros; entonces, sólo entonces, cuando entendemos toda la gracia de Dios para con nosotros, caemos de rodillas, lamentándonos por el sufrimiento y el dolor experimentado por Jesucristo en la cruz, pues quienes debíamos colgar de ella, éramos nosotros; nos humillamos ante tan grande despliegue del amor de Dios, doblegamos nuestra voluntad para que la de Dios prevalezca, y nos entregamos a ese amor y a esa voluntad de una vez y para siempre. "**Con Cristo estoy juntamente crucificado, y ya no vivo yo, mas vive Cristo en mí; y lo que ahora vivo en la carne, lo vivo en la fe del Hijo de Dios, el cual me amó y se entregó a sí mismo por mí.**" (Gálatas 2:20 RVR1960).

Una declaración de arrepentimiento podría sonar así: "Jesús, gracias por tomar mi pecado y mi maldad sobre ti, gracias por recibir el justo castigo y la ira de Dios que me correspondía a mí, gracias por la salvación y libertad que recibo por ti; con esa libertad decido que nunca más quiero separarme de ti, nunca más; voluntariamente adopto tus caminos dejando de lado los míos y acepto tu voluntad sobre la mía; me entrego a ti en cuerpo, alma y espíritu, quiero pasar la eternidad contigo y amarte sin resguardos porque Tú, me amaste primero y desplegaste semejante muestra de amor en la cruz del Calvario." Esto, queridos amigos, es arrepentimiento genuino que, como vemos, viene luego de recibir el perdón; es una expresión integral de todo nuestro ser, nada tiene que ver con una expresión verbal del momento, de repetir palabras puestas en nuestra boca por otras personas, palabras que no entendemos y frases que no sentimos. El arrepentimiento genuino provoca un cambio de rumbo, es tan poderoso que transforma muestro entendimiento y nos permite comprender nuestra nueva identidad en Cristo.

Confesión

La convicción del precio pagado por nuestro pecado produce arrepentimiento, y al arrepentimiento genuino le sigue la confesión, ambos son el resultado del trabajo del Espíritu Santo en nosotros; la confesión en el ámbito legal es un acto solemne, es la declaración personal ante una autoridad competente sobre determinada situación que genera consecuencias legales para el confesante, es considerada prueba plena para condenarlo; existe un aforismo muy usado en el ámbito jurídico, *a confesión de parte, relevo de prueba*, quiere decir que si yo confieso haber hecho lo que se me imputa, no es necesario aportar más pruebas, soy culpable y recaerá sobre mí una sentencia condenatoria. Desde el punto de vista espiritual, la confesión genera también consecuencias, pero éstas son favorables para nosotros, recordemos que ya no hay la posibilidad de condenarnos por nuestra confesión, porque ya Jesucristo fue sentenciado y condenado a muerte por nosotros. Nos limpia de del pecado eventual que cometemos y que nos aleja de la comunión con Dios, y nos restituye a la intimidad con Él. A esto le llamaremos *alineación con Dios*, y tiene que ver con un acuerdo entre ambas partes. Dios dice que lo que hemos cometido es una falta y que debemos corregirla, por la confesión nosotros estamos de acuerdo con Él en que hemos actuado mal y que corregiremos el rumbo, Él nos limpia de ese pecado y seguimos adelante en nuestra relación (con Él).

La confesión es el mecanismo de alineación con los caminos y los pensamientos de Dios (voluntad de Dios), se produce de manera continua dentro del proceso de perfeccionamiento que lleva el Espíritu Santo con nosotros; esta confesión de nuestros pecados nos vuelve a la intimidad con Dios y a la comunión con los santos; es como el aseo diario, las manos tienden a ensuciarse en nuestras actividades, y procuramos lavárnoslas varias veces durante el día para mantenerlas limpias; así mismo, en el trajín diario, nos manchamos con pecado y la confesión nos limpia y nos restaura a la vida de santidad. Entendemos, por tanto, que la confesión es la declaración continua de que Dios tiene la razón; Él señala un pecado en nuestra vida y nosotros, mediante la confesión, decimos que tiene razón, que hemos pecado, luego Él nos da una nueva oportunidad, este mecanismo permite obtener una nueva forma de pensar y de actuar; en nuestra mente se arraigan los pensamientos de Dios, su forma de pensar comienza a ser parte de nuestros pensamientos, así mismo sucede con nuestros pasos, la confesión nos permite corregir nuestras veredas y transitar por los caminos de Dios. La confesión nos permite adoptar una vida en santidad, cumplir la demanda de Dios de vivir santamente porque Él es Santo; "**7...si andamos en luz, como él está en luz, tenemos comunión unos con otros, y la sangre de Jesucristo su Hijo nos limpia de todo pecado. 8Si decimos que no tenemos pecado, nos engañamos a nosotros mismos, y la verdad no está en nosotros. 9Si confesamos nuestros pecados, él es fiel y justo para perdonar nuestros pecados, y limpiarnos de toda maldad.**" (Juan 1:7-9 RVR1960).

Nos quedamos con la recomendación o demanda hecha por el escritor bíblico sobre el tema de la santidad; es requerida y demandada. "**11Porque la gracia de Dios se ha manifestado para salvación a todos los hombres, 12enseñándonos que, renunciando a la impiedad y a los deseos mundanos, vivamos en este siglo sobria, justa y piadosamente, 13aguardando la esperanza bienaventurada y la manifestación gloriosa de nuestro gran Dios y Salvador Jesucristo, 14quien se dio a sí mismo por nosotros para redimirnos de toda iniquidad y purificar para sí un pueblo propio, celoso de buenas obras.**" (Tito 2:11-14 RVR1960).

Capítulo 4
LA FE Y LA ORACIÓN

La fe, más allá de una definición

Un gran porcentaje de cristianos no tiene claro el significado de *fe*, al preguntar a varias personas ¿Qué es fe? La mayoría dan una respuesta basada en un conocimiento común, que en la jerga cristiana se expresa con la frase **"es pues la fe La certeza de lo que se espera y la convicción de lo que no se ve". (Hebreos 11:1 RVR1960)** Lastimosamente, éste es un conocimiento parcial y limitado sobre la fe; el conocimiento parcial impide entender y más aún aplicar un concepto claro en nuestra vida, basta con señalar que tanto la certeza como la convicción requieren una gran cantidad de confianza y otro tanto de seguridad; tales características son el resultado de un proceso de construcción de una estructura; la fe es una destreza espiritual que no viene a nosotros simplemente por desearla, hay que edificarla.

Cuando hablamos de edificar podemos manejar la analogía de la construcción de casas o edificios, se requiere de una excavación, echar los cimientos, para levantar la estructura, columnas y losas, y sobre las losas y entre columnas se levantan paredes, se colocan puertas y ventanas, y, finalmente se incorporan los acabados; tomemos en cuenta que se requiere invertir recursos: tiempo, dinero, mano de obra, materiales, etc.; no se levanta una edificación de la noche a la mañana, es el resultado de un proceso que al final dará como resultado una construcción sólida que permitirá su habitabilidad. Consideremos que la fe es el resultado de un proceso de edificación en nuestra vida, comenzando con echar fundamentos y todo el proceso hasta llegar a los acabados; Jesucristo enseño que la vida cristiana abundante requiere que hayamos desarrollado la destreza de la fe, la fe puede tener una estructura pequeña como la de un grano de mostaza, y aunque fuera pequeña, le será posible mover montañas. **"Jesús les dijo: Por causa de la poca fe de ustedes. Porque de cierto les digo que si tienen fe como un grano de mostaza, dirían a este monte: Pásate de aquí, allá; y se pasará. Nada les será imposible."** (Mateo 17:20 RVA-2015). Las posibilidades de una fe bien fundamentada, estructurada y definida son inmensas, como lo recalca Jesús.

En este capítulo descubriremos juntos los elementos de esta edificación: ¿cuál es el fundamento, en qué consiste la estructura, cuáles son las paredes, ventanas y puertas? Conoceremos del doble propósito de la fe, y mostraremos las evidencias de la fe que son los acabados visibles. Sobre el texto bíblico analizaremos la vida de dos hombres que desarrollaron su fe en un nivel superlativo; uno en el Antiguo Testamento (Abraham) y el segundo en el Nuevo Testamento (Jesús).

Revelación de Dios: el fundamento de la fe

Si tenemos que establecer el fundamento de la fe, ciertamente es la Revelación de Dios; sería imposible para nosotros experimentar la fe si Dios no se hubiese revelado a la humanidad de forma general, a través de la creación y de formas específicas, a través sus siervos, de su palabra y su Hijo. *"Porque las cosas invisibles de él, su eterno poder y deidad, se hacen claramente visibles desde la creación del mundo, siendo entendidas por medio de las cosas hechas, de modo que no tienen excusa." (Romanos 1:20 RVR1960).* Esta revelación de Dios es general para toda la humanidad, todos aquellos que percibimos nuestro entorno estamos capacitados para entender que hay un Dios creador y poderoso para sostener el universo en marcha; así de clara es también la revelación específica que encontramos en el Antiguo Testamento; mas, la revelación de Dios en su máxima expresión se produce por la encarnación de su Hijo, Jesucristo, el Dios hecho hombre, Emanuel, Dios con nosotros y entre nosotros. **"¹Dios, habiendo hablado muchas veces y de muchas maneras en otro tiempo a los padres por los profetas, ²en estos postreros días nos ha hablado por el Hijo, a quien constituyó heredero de todo, y**

por quien asimismo hizo el universo." (Hebreos 1:1-2 RVR1960). Esta multiforme revelación de Dios se transforma en el fundamento de nuestra fe, Dios la deposita en nuestro corazón; la revelación que consiste en darnos a conocer quién es Él y cómo actúa: sus atributos, su carácter, su amor, su poder, su sabiduría, su misericordia, su gracia, etc. Como no puede ser de otra manera, esta revelación de Dios es la piedra angular de nuestra fe; en la medida en que abrazamos la revelación de Dios, en esa medida podemos construir sobre ella nuestra fe, mientras más grande sea la cimentación, la edificación será más sólida, con buenos cimientos nuestra fe puede alcanzar mayor envergadura.

Quien pone la mano de obra y la supervisión en la edificación de nuestra fe es el Espíritu Santo, Él descarga en nuestra mente la revelación de quién es Dios y cómo actúa, además se encarga de transformarla en conocimiento experiencial que transciende de la mente a nuestro corazón; ese conocimiento se convierte en la estructura que levanta nuestra fe, en la dimensión que nosotros permitamos, pues jamás seremos obligados, nosotros ponemos los límites; podemos ser mezquinos o generosos, podemos albergar gran conocimiento o poco. Sobre este fundamento, el conocimiento y experiencia, el Espíritu Santo levanta paredes, puertas y ventanas que entenderemos como el doble propósito de la fe, y finalmente, los acabados que serían las evidencias de la fe.

Abraham, revelación y conocimiento de Dios

Debemos ilustrar la edificación de la fe a través del estudio de la vida de Abraham, quien es, a mi criterio, el mayor ejemplo de fe del Antiguo Testamento, al punto de que se lo identifica como el Padre de la Fe.

Tratemos de explicar estos dos términos: *revelación* y *conocimiento*, que parecerían significar lo mismo, pero que, para un mejor entendimiento de la fe, los debemos separar y definir. La revelación es información proporcionada sobre una persona o un asunto; podemos asimilar la revelación a la información que de cualquier materia recibimos en las clases teóricas. Al conocimiento, en cambio, lo entendemos como la experiencia vivencial de esa información en nuestra vida; lo asimilamos a nuestros estudios, cuando pasamos de la clase de teoría en la que recibimos la información (revelación) al laboratorio de pruebas donde la teoría se transforma en experiencia.

La vida de Abraham transita entre la revelación de Dios (información sobre quién es y cómo actúa, que el patriarca la recibe de su mente través de las conversaciones que mantiene con Dios) y el conocimiento de Dios (la vivencia experiencial de la revelación, que la recibe de la mano misma de Dios a través de su interacción con Él). Como el maestro que da la clase teórica y luego te lleva de la mano al banco de pruebas, Dios se revela y nos da el conocimiento, la información, para luego acompañarnos en la vivencia experiencial; es la información llevada del papel a la práctica cotidiana, de la mente al corazón palpitante, de la teoría al banco de pruebas. Siendo que Él nos otorga la revelación y nos dirige en el conocimiento, la interacción con Dios juega un papel muy importante en la edificación de nuestra fe, y así sucedió con Abraham, la intimidad con Dios llegó a ser determinante en la edificación de su fe.

El relato bíblico sobre la vida de Abraham comienza con una conversación con Dios en la que recibe la invitación a dejar su tierra y su familia para ir a un lugar que Él le mostraría, con la promesa de bendecirle y hacer de la descendencia de Abraham una gran nación; sin embargo, la historia entre Dios y Abraham se remonta a nueve generaciones previas, cuando Noé fue escogido para preservar a la humanidad después del diluvio; Abraham es el noveno primogénito de la descendencia de Noé, y él continuará el plan de Dios de levantar de entre la humanidad una nación para sí: el plan para restaurar la intimidad perdida en el Edén. La intimidad entre Dios y Abraham fue la clave. La revelación y el conocimiento deben venir de primera mano, de la fuente misma que es Dios; Abraham conversaban cara a cara con Dios e interactuaban como amigos, de la misma manera, nosotros debemos conocer a Dios de primera mano, interactuando con Él como amigos.

Dios se revela como el TODOPODEROSO para quien no hay nada imposible, esta revelación se convierte en conocimiento pleno cuando una mujer estéril (Sara) y un anciano avanzado en años (Abraham) procrean un hijo (Isaac). Lo imposible para el hombre es posible para Dios, porque Dios obra en lo sobrenatural de su esencia; también se presenta como el Dios que BENDICE y PROVEE. Abraham experimentó un cúmulo de bendiciones durante su vida; le dio fuerza y vigor suficiente para ir a la guerra, le regaló 100 años de vida adicionales a los 80 que tenía cuando lo conoció, y le llenó de provisiones materiales entre tierras y animales, entre cultivos y rebaños. En el momento más difícil de la vida de Abraham, se presentó como el Dios FIEL; fue durante un episodio en que Dios le pidió el sacrificio de su hijo Isaac en el monte Moriá y Abraham aceptó hacerlo, pero al momento de sacrificarlo, Dios proveyó el carnero para sea sacrificado en lugar de su hijo; tanto Abraham como Isaac conocieron a Dios en esa dimensión.

En varios momentos de la vida de Abraham, Dios le reveló sus atributos, y consecuentemente, esa revelación se convirtió en conocimiento pleno, fiable, y perdurable; Abraham levantó un altar en los lugares en que Dios se dio a conocer con el fin de que fuera recordado por él y por su descendencia. Cada altar constituía el reconocimiento al atributo de Dios manifestado. La enseñanza es clara, Abraham levantaba altares para recordar que, en ese lugar y en un momento de su vida, Dios se manifestó ante él de forma sobrenatural. Dichos altares también sirvieron para que su descendencia conociera a Jehová, por esto fue conocido como "el Dios de Abraham y su descendencia". Es recomendable que nosotros registremos esos momentos y lugares en los que Dios nos dio a conocer sus atributos, y ya que no podemos levantar altares, al menos registremos los eventos en una libreta, señalando la fecha y el lugar en los cuales los atributos de Dios fueron conocidos por nosotros, en nuestro bien y en el de nuestra descendencia.

Una relación cercana caracterizada por amistad, compañerismo y el ánimo de andar juntos, de diálogos fluidos y de contarse todo, anhelando momentos para conversar, comer y compartir; podemos señalar como ejemplo, el almuerzo que Abraham hizo preparar para Dios cuando éste lo visitó en su tienda, Dios se detuvo para compartir con Abraham alimentos y una larga conversación; nos sorprende la conversación entre Dios y Abraham sobre Sodoma y Gomorra, Dios manifiesta que bajo ningún punto de vista iba a ocultar de Abraham las cosa que tenía en mente para estos lugares. En esa conversación, que suena como cualquier conversación entre amigos, Abraham trata de persuadir a Dios con el fin de que no destruya Sodoma y Gomorra, la determinación de Dios se pone sobre la mesa para tratarla con su amigo, mientras que Abraham argumenta en favor de los justos en esas ciudades. Argumento va y respuesta viene,

Abraham pide misericordia hasta que entiende que su argumentación no es sostenible; Dios, pacientemente, escucha y acepta la recomendación de Abraham hasta que éste desiste de continuar; es un hermoso ejemplo de que a nuestro Dios le gusta interactuar con su pueblo, que quiere conversar con nosotros sobre nuestro presente y nuestro futuro, el de nuestra ciudad y el de nuestra nación; algunos hemos perdido esa perspectiva, pero debemos recuperarla.

La revelación más trascendente que recibe Abraham es del Dios de PACTOS Y PROMESAS, quien cumple lo que promete y que guarda sus pactos. No hay nada mejor en nuestra relación con Dios que conocerlo como fiel y verdadero; Él es quien dice ser y actúa en consecuencia, lo que nos otorga un grado superlativo de confianza y de seguridad, elementos trascendentes en la edificación de nuestra fe, que se transforman en certezas y convicciones. Si Dios lo prometió lo cumplirá, si Dios se comprometió lo sostendrá y no lo romperá.

Estos son los pactos y promesas que Dios estableció con Abraham, algunos tienen connotaciones personales, únicamente entregadas a Abraham, y otras entregadas a favor de su descendencia, en la que estamos incluidos:

- Darle descendencia (Génesis 13:16 RVR1960).
- Hacer de él una gran nación (Génesis 12:2 RVR1960).
- Bendecirle, engrandecer su nombre, ser de bendición (Génesis 12:2 RVR1960).
- A través de él bendecir a todas las familias de la tierra [Jesucristo] (Génesis 12:3 RVR1960).
- Entregarle la tierra prometida (Génesis 12:7; 13:15; 15:18-20 RVR1960).
- Gran descendencia (Génesis 13:16 RVR1960).
- Victoria sobre sus enemigos (Génesis 14:19-20 RVR1960).
- La provisión de Dios ante el rey de Sodoma (Génesis 14:22-24 RVR1960).
- Compromete a ser quien lo protege (Génesis 15:1 RVR1960).
- Un hijo con nombre Isaac (Génesis 15:4-6; 17:19 RVR1960).
- Pacto perpetuo. (Génesis 15:18; 17:2 RVR1960).
- Ser su Dios y de su descendencia (Génesis 17:7 RVR1960).

- Extender el Pacto a sus descendientes (Génesis 17:21 RVR1960).

Nuestra vida cristiana es parte del plan de redención de Dios, Él desea restaurar la intimidad perdida en el Edén y nosotros somos parte importante, como lo fue Abraham; recibir la revelación de Dios y el conocimiento de quién es y cómo actúa, es parte importante para edificar nuestra fe, la revelación y el conocimiento son el fundamento y la estructura de nuestra edificación; por tanto, establecer una relación íntima con Dios es de vital trascendencia, nos movemos entre la vida y la muerte, elijamos vida, establezcamos una relación con Dios para que se convierta en la fuente de promesas y bendiciones, entendamos que la revelación y el conocimiento deben venir de primera mano.

Conocimiento de Dios, columnas y losas de la fe

"No se gloríe el sabio y hábil en su perspicacia; Que el que es fuerte y poderoso no se jacte de su fuerza; el que es rico no se jacte de su [satisfacción temporal y abundancia terrenal]; pero el que se jacta se jacta de esto, de que me comprende y me conoce [y me reconoce y me honra como Dios y reconoce sin ninguna duda], que soy el Señor que practica la bondad, la justicia y la justicia en la tierra, porque Estas cosas me deleitan, dice el Señor." (Jeremías 9:23-24 Versión Amplificada).
La revelación de Dios es el fundamento de la fe; la siguiente fase en la edificación de nuestra fe es levantar una estructura (columnas y losas), a través del conocimiento experiencial de Dios; expresamos conocimiento experiencial para diferenciarlo de la revelación o conocimiento intelectual de Dios; son diferentes porque el conocimiento intelectual se resume en saber algo y se archiva en nuestra memoria, mientras que el conocimiento experiencial es conocer a alguien y guardarlo en tu corazón. Adán conoció a Eva, nos dice la Biblia, y engendraron a su hijo, Adán supo de su mujer cuando Dios se la entregó como ayuda idónea, pero la conoció cuando se desnudaron y se unieron carnalmente para engendrar. De la misma manera, nosotros podemos saber muchas cosas de Dios, pero no lo conoceremos hasta que su fuego nos consuma y su mano nos moldee y su amor nos fructifique, ese es conocimiento experiencial.
La revelación de Dios fue el fundamento de la fe de Abraham y suficiente

razón para aceptar su invitación de dejar Harán y dirigirse al lugar que Dios señalare; A partir de ese momento, Abraham empieza experimentar (conocer) a Dios; los atributos revelados por Dios se convierten en experiencias de vida, estas experiencias le traen el conocimiento necesario para constituirse en un hombre de fe al punto en que se ganó el calificativo de amigo de Dios. Dejó su tierra, su familia, su seguridad y se encaminó hacia la promesa. No hubo razonamiento que lo detenga: ni lo incierto de su destino, ni lo avanzado de su edad, ni la carencia de descendencia.

En cada episodio de la vida de Abraham registrado en la Biblia, Dios le daba a conocer, en forma vivencial, su carácter y sus atributos. Poco a poco Abraham entendió quién era Dios y cómo actuaba. La vida de Abraham fue una escuela del conocimiento de primera mano, directo de Dios para él. Abraham ampliaba su experiencia con Dios y levantaba altares y seguía su camino. Abraham conoció al Dios que provee, al Dios que protege, al Dios que sana, al Dios soberano, al Dios de la batalla, al Dios que guía. Tal vez, el atributo más importante que Abraham experimentó fue del Dios de Pactos y Promesas, Abram tenía 75 años cuando salió de Harán, y murió a los 175. Dios le concedió cien años de vida adicionales para compartir esta intimidad. CIEN AÑOS DE CONOCER A DIOS.

Atención especial merecen las conversaciones que tiene Abraham con Dios, son diálogos fluidos que incorporan participaciones de ambos lados, intercambian los papeles de emisor y receptor con mucha facilidad. Los temas de conversación son variados: sobre el presente y el futuro, su situación personal y la situación general. Como ejemplo le enseña las estrellas y le dice que su descendencia será tan numerosa como ellas. Abraham vivió una relación asombrosa con Dios, al punto que le hacía participe de sus planes. Esta es la clase de relación que debemos buscar, obtener y atesorar, debemos mantener diálogos fluidos con Dios y una interacción constante sobre todos los temas, tan dinámica como la que se muestra en la vida de Abraham. Pregúntese, ¿cuándo fue la última vez que Dios les habló? Si Dios nos ha dejado de hablar por horas, días o semanas, algo está mal; Él no deja de comunicarse con nosotros a no ser que tenga una razón poderosa. Tomemos en cuenta que Abraham anhelaba y esperaba las manifestaciones de la presencia de Dios para interactuar; nosotros tenemos a Dios dentro, somos anfitriones del bendito Espíritu Santo, por tanto, tenemos que actuar en consecuencia.

Dios establece un pacto con Abraham, Él se compromete a ser el Dios de Abraham y de su descendencia, y Abraham se compromete a seguir a Dios con su descendencia, su casa y sus siervos. El pacto se formalizó con una ceremonia. En la antigüedad los pactos se sellaban así: se mataban y partían en dos varios animales, se separaban las mitades hasta dejar un espacio por el cual los participantes en el pacto pudieran transitar caminando para intercambiar lugares. Primero estaban parados frente a frente, luego uno de ellos caminaba a través el callejón flanqueado por las partes de los animales hasta donde se encontraba el otro, y luego el otro caminaba hasta lugar que el primero había dejado. Finalmente, volteaban y se miraban cara a cara. El significado era simple: ambos estaban dispuestos a morir antes de contravenir o violentar el pacto, ambos declaraban en voz alta: "Si yo incumplo lo pactado, que me pase lo que le pasó a los animales". Ya nos podemos imaginar por qué los pactos se cumplían en la antigüedad.

"⁷Y le dijo: Yo soy Jehová, que te saqué de Ur de los caldeos, para darte a heredar esta tierra. ⁸Y él respondió: Señor Jehová, ¿en qué conoceré que la he de heredar? ⁹Y le dijo: Tráeme una becerra de tres años, y una cabra de tres años, y un carnero de tres años, una tórtola también, y un palomino. ¹⁰Y tomó él todo esto, y los partió por la mitad, y puso cada mitad una enfrente de la otra; mas no partió las aves." (Génesis 15:7-10 RVR1960).

La primera parte se cumplió cuando Abraham partió los animales y esperó con el escenario listo, pero Dios demoró y Abraham se quedó dormido; al final de la tarde, ya entrando en la noche sucede algo inigualable que se relata así: **"¹⁷Y sucedió que puesto el sol, y ya oscurecido, se veía un horno humeando, y una antorcha de fuego que pasaba por entre los animales divididos. ¹⁸En aquel día hizo Jehová un pacto con Abram, diciendo: A tu descendencia daré esta tierra, desde el río de Egipto hasta el río grande, el río Éufrates." (Génesis 15:17-18 RVR1960).** La gloria de Dios caminó entre las partes de animales muertos para cerrar el pacto. Podemos pensar que el pacto por parte de Abraham no se selló en la ceremonia porque se quedó dormido, algo de razón hay en este criterio, pero lo asombroso es que Dios, además de transitar su parte, también transitó la parte de Abraham; Dios caminó su parte, para manifestar que su incumplimiento tendría como consecuencia su muerte, mas, al transitar la parte de Abraham, quiso decir que, en el caso de incumplimiento de

Abraham, Dios tendría que morir, si tú incumples, yo muero. Y aunque sea difícil de creer, Dios estaba dispuesto a morir por el incumplimiento de Abraham o su descendencia; y sorprendentemente así lo hizo, en la cruz del calvario, Cristo murió por nuestros incumplimientos, por nuestras transgresiones al pacto hecho por Abraham y a nombre de su descendencia.

"Abraham le creyó a Dios y le fue contado por Justicia." (**Génesis 15:6 RVR1960**) La respuesta a la pregunta *¿de dónde obtiene Abraham la confianza y la seguridad?* es simple: del profundo conocimiento de quién es Dios y cómo actúa. Este saber se acentuaba cada día en Abraham por la cercanía y la intimidad con Él. Recapitulando: la fe de Abraham, aquella que le fue contada como justicia, se fundamentó en la revelación de Dios y se construyó sobre el conocimiento experiencial a través de 100 años de caminar juntos; de esa convivencia con Dios resultó la fe inquebrantable de Abraham. Varias preguntas debemos hacernos ¿Estamos edificando nuestra fe mediante la revelación y el conocimiento de quién es Dios y de cómo actúa? Una fe inquebrantable se construye a partir de la revelación de Dios, comienza muy pequeñita, lo suficiente para alcanzar la salvación, pero se desarrolla hasta alcanzar la perfección, a la imagen de Cristo.

Revisemos someramente algunas ideas sobre quién es y cómo actúa Dios para que las memoricemos y podamos meditar en ellas: Él es el Creador, el Todopoderoso, el Omnisciente, el Omnipresente, el Trascendente, el Inmanente, el Inmutable, el Independiente, el Infinito, etc. Actúa con: justicia, misericordia, compasión; nos da la provisión necesaria, nos dirige, nos ayuda; nos ama apasionadamente y está comprometido con nosotros hasta el punto de entregarse por nosotros; entendamos que ser beneficiarios de sus pactos y promesas está respaldado por quién es y por la forma en que actúa. No quiero decir que la construcción de nuestra fe sea algo sencillo, al contrario, es difícil y demandante, pero lo que quiero dejar sentado es que el resultado está garantizado por Dios, con todo su ser, tomemos en cuenta que la mayor carga la lleva Él.

Doble propósito de la fe: las paredes y acabados

Hemos entendido que la fe que trasciende es aquella que se edifica sobre el fundamento de la revelación de Dios y se levanta sólidamente con el conocimiento experiencial de quién es y de cómo actúa. Este conocimiento le da una estructura sólida a nuestra fe; luego, a la edificación se le debe dar un diseño, paredes, puertas y ventanas. Esta tercera fase de la edificación de nuestra fe la denominaremos *el doble propósito de la fe*.

En el caso de nuestra fe, el propósito es doble: lo primero es agradar a Dios y lo segundo aportar en la vida de las personas. Estos componentes no son independientes, al contrario, están íntimamente relacionados, como hermanos siameses, si no se cumplen ambos, el propósito no estará cumplido. Usemos como ejemplo el gráfico de estadísticas, aquel que tiene un segmento vertical (Y) y uno horizontal (X); el segmento vertical tiene que ver con nuestra relación con Dios y con el propósito de agradarle, mientras que el segmento horizontal tiene que ver con nuestra relación con las personas, nuestros prójimos, con lo que aportamos para su desarrollo. La fe se mide cuando en ambos segmentos se tienen datos, no podemos solamente agradar a Dios sin ser aporte para las personas que nos rodean, tampoco puedes aportar a la humanidad sin estar enfocado en complacer a nuestro Padre celestial; por otro lado, ambos segmentos deben ir creciendo de forma coordinada, si tuviéramos que verificar nuestro desempeño en cuanto al doble propósito de nuestra fe, el resultado gráfico debería ser ascendente en ambos segmentos, caso contrario estaríamos hablando de religiosidad y no de fe, o de humanismo y no de fe.

Agradar a Dios es el segmento vertical del gráfico. En el plano natural, desde muy pequeños tenemos el deseo de agradar a nuestros padres, repetimos las acciones y/o palabras que les hacen sonreír, nos comportamos en la forma en la que ellos sientan agrado, inclusive siendo adultos les comunicamos nuestros logros para que se alegren y disfruten junto a nosotros, así les demostramos nuestro amor, nuestro respeto y honramos su vida. Cuando nos convertimos en hijos de Dios, la situación es idéntica, Dios es nuestro padre y el anhelo de nuestro corazón es agradarle con todo lo que hacemos, sin embargo, Dios ha incluido un ingrediente que se debe sumar a todas esas formas y maneras con las que manifestamos nuestro anhelo; este ingrediente es la fe. Vamos a parafrasear a Hebreos 11:6, para decir que sin fe es imposible [caminar con Dios y] complacerlo, porque quienquiera que se [acerque] a Dios debe [necesariamente] creer que Dios existe y que Él recompensa a quienes lo buscan [con seriedad y diligencia]. En nuestra relación con Dios, este ingrediente es indispensable, sin él nuestras acciones y palabras no serán de su agrado. Podemos decir que nuestra fe es la llama perenne que ilumina nuestra relación cotidiana con Dios, las actividades de iglesia como el evangelismo, el servicio, las tareas ministeriales, la entrega de los diezmos y ofrendas, las prédicas y oraciones las podemos estar realizando de la mejor manera, con todas nuestras energías, capacidad y conocimiento, pero, si no está involucrada la fe no llegan agradar a Dios. Por este motivo, desarrollar la destreza de la fe en nuestra vida cristiana es imprescindible.

Nos referirnos a Jesús como nuestro modelo de la fe, me impacta la declaración que el Padre hace sobre su Hijo amado Jesús, es la que nos gustaría oír sobre nosotros; se trata del agrado que Dios siente por su Hijo: "**16después que Jesús fue bautizado, él salió inmediatamente del agua; y he aquí, los cielos se abrieron, y él (Juan) vio el espíritu de Dios descendiendo como una paloma e iluminando sobre él (Jesús), 17y he aquí, una voz del cielo dijo: ¡este es mi hijo amado, en quien estoy bien complacido y agradado!**"(Mateo 3:16-17 AMP). Es la voz del Padre que manifiesta su complacencia por su hijo quien ha desarrollado una destreza de fe suficiente para agradar a Dios; aunque no menciona la palabra fe, entendemos claramente que Jesús ha desarrollado su fe al grado de complacer a su Padre. Usted y yo estamos llamados y desafiados a edificar nuestra fe con el fin de que el Padre pueda expresar estas mismas palabras sobre nosotros. No escucharemos nada más dulce que las palabras de nuestro Padre celestial, manifestando su agrado por nosotros.

Por otro lado, el segmento horizontal del gráfico está determinado por nuestra relación con el prójimo; Jesús hizo énfasis en que nuestra relación con el prójimo sea nuestra preocupación constante, al punto de ponerla inmediatamente después de nuestra relación con Dios; el amor que debemos a Dios y nuestro anhelo de agradarle se muestra también por el amor que le tenemos a nuestro prójimo, no podemos decir que amas a Dios sin amar a quienes ha puesto en tu camino, desde un individuo hasta la humanidad entera. Aclaremos que la palabra *amor* es un verbo que se manifiesta a través de las acciones, no se puede amar de palabra sino con obras. En palabras simples, el segundo componente del doble propósito de la fe es aportar a la humanidad, Jesús lo puso de la siguiente manera: **"Él le respondió diciendo: —Amarás al Señor tu Dios con todo tu corazón, con toda tu alma, con todas tus fuerzas y con toda tu mente; y a tu prójimo como a ti mismo." (Lucas 10:27 RVA2015).**

Jesús mostró su amor al prójimo de muchas maneras, un ejemplo del segmento horizontal lo encontramos en el relato de Mateo, capítulo 17, en el que un muchacho endemoniado es traído ante Jesús como último recurso, su padre lo había llevado a sus discípulos sin resultado favorable, Jesús libera al muchacho y los discípulos preguntan la razón de su propia ineficacia en este caso, y **"Jesús les dijo: Por vuestra poca fe; porque de cierto os digo, que si tuviereis fe como un grano de mostaza, diréis a este monte: Pásate de aquí allá, y se pasará; y nada os será imposible."** **(Mateo 17:20 RVR1960).** Jesús hace un llamado de atención en que debemos edificar nuestra fe y que si le llegamos a dar una estructura, no importará si es pequeña, Él menciona una semilla de Mostaza como ejemplo –la semilla es pequeña pero eficaz–, adicionalmente, podemos notar que la fe bien desarrollada se debe manifestar como testimonio de nuestra relación con Dios y para beneficiar al prójimo, como la liberación de ese joven realizada por Jesús. Las acciones ejecutadas con fe se realizan en el ejercicio de nuestra comisión. **"Sanad enfermos, limpiad leprosos, resucitad muertos, echad fuera demonios; de gracia recibisteis, dad de gracia."** **(Mateo 10:8 RVR1960).** Los beneficiarios del ejercicio de la fe son los enfermos, los endemoniados, los muertos, los esclavos, los paralíticos, los ciegos, etc. Dejemos de pensar que el ejercicio de la fe tiene un objetivo único (nosotros).

Por último, cabe rehacer la pregunta que le hicieron a Jesús: ¿Quién es mi prójimo? En nuestro mundo globalizado, el prójimo puede estar al otro lado del planeta, las comunicaciones nos han acercado a esta posibilidad, por lo que el ejercicio de nuestra fe no se aplica solamente a los cercanos físicamente, te puedes encontrar con un prójimo en cualquier parte del mundo. El doble propósito de construir nuestra fe es que su ejercicio agrade a Dios y bendiga al prójimo, es un legado que nos deja Jesús. **"De cierto, de cierto os digo: El que en mí cree, las obras que yo hago, él las hará también; y aún mayores hará, porque yo voy al Padre." (Juan 14:12 RVR1960).** En este punto, se acaba la retórica y comienza la acción, el segundo propósito de edificar nuestra fe es hacer las mismas obras que Jesucristo, y mayores. Caminemos como Jesús, buscando a quien asistir en nuestro camino, pronto nos traerán a los enfermos y cautivos, como lo hacían con Jesús; si no sucede, algo está mal.

Evidencias de la fe. Certeza y convicción. Los acabados de la edificación.

Una construcción si acabados no es lo que nosotros anhelamos como vivienda, éstos son muy importantes, al punto que se convierten en el costo más grande en la construcción, los acabados le dan a la edificación su carácter, son la carta de presentación del propietario; las personas no se fijan en el hierro, los cables o las tuberías que usamos; se fijan en la pintura, la madera, el porcelanato, los espejos, etc. En el caso de nuestra fe, la gente se fija en la certeza y la convicción con la que actuamos; el escritor de la carta a los hebreos manifiesta que la fe es la certeza de lo que se espera y la convicción de lo que no se ve (Hebreos 11:1 RVR1960). Lo que exhibimos de nuestra fe es el resultado de la convicción y la certeza, sin ellas nuestra fe es incompleta. Podríamos decir que las evidencias de la fe son las señales y los milagros, y no estaríamos equivocados, porque se pueden percibir por los sentidos, sin embargo, en el mundo espiritual la fe se percibe por las certezas y las convicciones que logran atraer del mismo cielo, hacia el mundo material, esas señales y milagros.

De forma singular, tanto la certeza como la convicción enunciadas tienen un alto contenido de seguridad y confianza mucho más desarrolladas que lo que podemos encontrar en palabras como *esperanza y creencia*. Es muy importante establecer la diferencia, debido a que los cristianos, cuando desarrollamos la destreza de la fe no debemos hacerlo sobre la base de estos dos términos, sino sobre la certeza y convicción; y esto debido a que no hay una relación de causa y efecto, la esperanza no es el principio de la certeza y tampoco la creencia es el principio de la convicción.

La certeza, por una parte, carece completamente de dudas, es el caso del juez que dicta la sentencia, tiene la seguridad de haber evaluado el caso y la confianza de que las pruebas usadas eran contundentes; la convicción, por su parte, es un esquema mental construido en base al conocimiento intelectual y a la experiencia; en el caso del mismo juez, la convicción que demuestra al emitir su sentencia es producto de años de estudios y otros tantos de ejercer el cargo (experiencia). La convicción está fuertemente arraigada en su ser, al punto de que difícilmente se la puede remover y la única forma de terminar con ella es con la muerte del individuo que la ostenta. La convicción se arraiga en nuestro ser y se convierte en el fundamento de nuestro actuar. Podemos decir, sin temor a equivocarnos, que la convicción es coherente y consistente, pues ha sido estructurada por un proceso continuo en el que se separan criterios incongruentes y se incluyen criterios sólidos y duraderos, la convicción nos dice quiénes somos en el interior, y no es simplemente maquillaje superficial.

Con esto podemos decir que la certeza de lo que se espera y la convicción de lo que no se ve son evidencias de nuestra fe bien fundamentada en la revelación de Dios, bien construida con el conocimiento experiencial de Dios, de quién es y de cómo actúa, enfocada en el cumplimiento del doble propósito de agradar a Dios y de ayudar al prójimo; esta es la fe que modelaba Jesús en su vida diaria, no solo cuando iba al templo, sino en todas partes; esas convicciones y certezas en la mente y en el corazón de Jesús le permitieron atravesar el umbral de lo natural hacia lo sobrenatural; la razón es simple: nuestro Dios no es material, no es temporal, ni tampoco está sometido a un espacio como nosotros. En el ejercicio de su fe, Jesús obraba de forma natural y Dios obraba en su ayuda de forma sobrenatural. Sus convicciones y certezas permitían descargar del cielo hacia la tierra la provisión sobrenatural de Dios, con el fin de que su voluntad fuera hecha tanto en el Cielo como en la tierra. Lo que sucede en el cielo, comienza a suceder en la tierra.

Es muy importante entender esta diferencia entre esperanza y fe, los cristianos, muchas veces, intercambiamos los términos como si fuesen iguales, pero no lo son; mientras la esperanza es algo incierto, la certeza no tiene sombra de duda; por otro lado, la esperanza, por esa carencia de seguridad, nunca se transforma en certeza; esto nos permite afirmar que la esperanza no es evidencia de la fe, y que la evidencia indubitable es la certeza, aquella que está libre de toda duda y es definitiva. En nuestros tiempos de intimidad nos acercamos a Dios con certezas, pues estas son las que agradan a Dios, cuando no tenemos certeza de lo que esperamos, solo estamos sintiendo esperanza y eso no tiene el efecto espiritual deseado.

Es también de suma importancia entender la diferencia entre creencia y convicción, otros vocablos que los cristianos usamos como intercambiables; cuando hablamos de creencias nos referimos a un cúmulo de ideas sobre Dios que forman un criterio mental sobre Él, pero que no llegan a afectar de forma definitiva o determinante nuestras vidas; mientras que, la convicción es un concepto claro y bien arraigado en nuestra mente, pero sobre todo, en nuestro corazón y determina quiénes somos y cómo actuamos, al punto de que moriríamos por ella.

Podemos ilustrar estas diferencias mirando los actos religiosos que se producen en nuestros países latinoamericanos, en la religión tradicional, las fiestas religiosas que muestran las creencias de nuestros compatriotas, se preparan y atienden las fiestas con fervor religioso, luego de lo cual algunos se emborrachan y se exceden, su religiosidad es una creencia, no produce cambios en sus vidas, son manifestaciones esporádicas de fervor, luego vuelven a ser los mismos de antes; contrasta con estas creencias la convicción de muchos cristianos de que, al otro extremo del mundo, en países en los que el cristianismo está prohibido, son perseguidos, apresados y asesinados por sostener su convicción de fe en Cristo; la convicción es la que cambia la vida de forma definitiva, mientras que la creencia no lo hace, los cristianos debemos estar listos a morir por nuestra convicción, esa va a ser la prueba de fuego en los tiempos de tribulación.

Dios está comprometido (con todo lo que es y tiene) a suplir el pedido hecho a través de la oración de fe, aquella que mantiene como constantes la certeza de lo que se espera y la convicción de lo que no se ve. A esta fe inquebrantable la conocemos como *vigor espiritual*, y permite darle honor a Dios, reconocer su ser, exaltar su poder, adorar su providencia, asegurar su ayuda; ensancha nuestra área de influencia, aumenta los resultados.

"**5 Entrando Jesús en Capernaum, vino a él un centurión, rogándole, 6 y diciendo: Señor, mi criado está postrado en casa, paralítico, gravemente atormentado. 7 Y Jesús le dijo: Yo iré y le sanaré.**" (Mateo 8:5-7 RVR1960). Este era un pedido usual dirigido a Jesús y su disposición era siempre la misa, acudir al enfermo para sanarlo; sin embargo, se encontró con un hombre que entendía los conceptos de *certeza* y *convicción* mejor que cualquiera de nosotros, en su diálogo, el centurión establece el razonamiento para tales evidencias de su fe. "**8 Respondió el centurión y dijo: Señor, no soy digno de que entres bajo mi techo; solamente di la palabra, y mi criado sanará. 9 Porque también yo soy hombre bajo autoridad, y tengo bajo mis órdenes soldados; y digo a éste: Ve, y va; y al otro: Ven, y viene; y a mi siervo: Haz esto, y lo hace. 10 Al oírlo Jesús, se maravilló, y dijo a los que le seguían: De cierto os digo, que ni aun en Israel he hallado tanta fe.**" (Mateo 8:8-10 RVR1960). La convicción del centurión de que estaba hablando con quien tiene autoridad sobre la enfermedad (por eso le dice Señor) y la certeza de que la sola palabra de Jesús sería suficiente para sanar a su ciervo (por eso le pide que exprese la palabra) son las evidencias que Jesús miró en el centurión; **"¹³ Entonces Jesús dijo al centurión: Ve, y como creíste, te sea hecho. Y su criado fue sanado en aquella misma hora." (Mateo 8:13 RVR1960).** La evidencia de la fe del centurión no estaba en el resultado obtenido, en la curación de su siervo, sino que estaba en la convicción y en la certeza que se reflejaron en sus palabras. El resultado, amigos, viene por añadidura, la sanidad del siervo y el reconocimiento de parte de Jesús sobre su inquebrantable fe. Hagamos énfasis en la disposición del corazón de Jesús de favorecer a quienes se acercaban a Él; Jesús es el mismo ayer hoy y por los siglos, por tanto, su disposición no ha cambiado. El único lugar en el que no hizo milagros fue en Nazaret, porque no encontró la contraparte de fe.

Jesucristo, el modelo de fe

Sin lugar a duda, en cuanto a fe se refiere, Jesucristo es el modelo que debemos seguir, porque Él la expuso en su máxima expresión; nuestro desafío es llegar a su estatura y el Espíritu Santo está comprometido con esa tarea. Podemos pensar que Jesús pudo alcanzar ese nivel de fe solo porque era Dios encarnado, sin embargo, vuelvo a decir, mientras estuvo en la tierra Jesús fue un ser humano como nosotros; Él, como cualquiera, debió edificar su fe mediante el proceso que hemos descrito en este capítulo.

Como hijo de Dios, su propósito principal es agradar a su Padre, y, como secundario salvar a la humanidad. La fe es, en ambos casos, el requisito principal para cumplirlos; los evangelios relatan que en dos ocasiones el cielo se abre para que el Padre manifieste de forma audible su complacencia en Jesús, en el hombre en que se había convertido; sin fe es imposible agradar a Dios. En cuanto al segundo propósito, el de salvar a la humanidad, Jesús utilizó la fe en todos los ámbitos de su ministerio: en contra de la muerte, de factores climáticos, de enfermedad, de demonios y de la voluntad humana. Las evidencias de la fe exhibidas nos dejan perplejos y maravillados, las señales y milagros que Dios hizo a través de Jesús fueron precedidas por la certeza del resultado y la convicción de su tarea.

Juan 11:38-44, la transición de una condición de muerte a una de

vida. Es natural para el ser humanos pasar de la vida a la muerte. Todos nosotros, en su momento, haremos esa transición. Pero es imposible, en lo natural, hacer la transición contraria, de muerte a vida, sin embargo, mediante el ejercicio de la fe, Jesús ejecutó este prodigio sobrenatural de traer a la vida a alguien que estaba muerto en varias ocasiones; Jesús, de pie frente a la tumba de su amigo Lázaro, pide a la gente que estaba con Él que muevan la piedra que cubría el ingreso al sepulcro, luego ordena a Lázaro salir; para el asombro de todos los presentes, incluyendo sus discípulos, Lázaro salió caminando fuera de su tumba.

Cuando aparece un hombre con una fe como la de Jesús, lo sobrenatural emerge para superponerse a lo natural. Propósito número uno, agradar a Dios, cumplido; nuestro Padre celestial muestra su satisfacción y su orgullo por la fe de su Hijo. El propósito número dos se cumplió cuando Jesús entrego a Lázaro en brazos de sus hermanas.

Mateo 8:23-27. La transición de una condición de temor a una de paz. Jesús y sus discípulos navegan sobre el lago, una tempestad se levantó poniendo en riesgo de muerte a quienes estaban en la barca, en medio de semejantes condiciones atmosféricas los discípulos de Jesús estaban atemorizados, mientras tanto Jesús dormía, cuando la tempestad vencía el conocimiento y la capacidad de navegantes de los discípulos, decidieron despertar a Jesús para pedir que les salvara de morir. Jesús evalúa la situación y actúa con convicción y con certeza de lo que iba hacer; ordena al mar aquietarse y a los vientos entrar en calma. Para asombro de sus compañeros de aventura, los vientos obedecen y el mar también; nuevamente el poder sobrenatural de Dios se hace presente, atraído por la fe de Jesús. Dios mira desde el cielo con agrado, mientras que en el barco, los acompañantes de Jesús muestran su asombro y gratitud. Nuevamente, lo sobrenatural se superpone a lo natural y cambia la condición de temor a una de paz.

Mateo 8:28-32; Marcos 5:1-20. La transición de una condición de esclavitud a una de libertad. En varias ocasiones Jesús enfrentó demonios. Una de esas ocasiones, en la zona de Gadara, encontró a un muchacho endemoniado, confrontó al demonio y le preguntó su nombre. Este le respondió que su nombre era legión; en el ejército imperial de Roma una legión estaba compuesta por 10 compañías, cada una formada por 600 hombres. Jesús comprendió que el muchacho estaba poseído de muchos demonios, esta legión demoníaca había tomado posesión del chico y lo maltrataba, lo humillaba, lo usaba para atemorizar a la población. Entonces Jesús les ordenó a los demonios que abandonasen el cuerpo del muchacho, estos le pidieron que les permitiera entrar en los cerdos que estaban a su alrededor y Jesús se los permitió; pero eran tantos demonios que los cerdos se perturbaron al punto de lanzarse al mar por el arrecife y morir. Esta legión de demonios fue sometida por la autoridad y el poder sobrenaturales de Jesús, atraídas desde el Reino de los Cielos a la tierra por la fe exhibida por Jesús; evidentemente, en la acción de Jesús se encontró las evidencias de una fe bien sustentada y construida con una estructura sólida, y la certeza y la convicción requeridas para agradar a Dios y rescatar al muchacho de semejante opresión. Propósito uno, cumplido. Cuando el padre del muchacho ya liberado lo recibió sus brazos, se cumplió el propósito número dos.

Juan 5:5-9. La transición de un cuerpo enfermo a uno sano. En otro de los relatos, Jesús se acercó al estanque de Betesda, que era conocido por sus propiedades curativas, por tanto los enfermos acudían allí con la esperanza recibir sanación (un Ángel alborotaba las aguas del estanque durante un momento y los enfermos que en ese lapso lograban sumergirse en ellas se curaban). Jesús miró a un hombre paralítico que estaba enfermo por 35 años y que no podía llegar al estanque por sí mismo, al menos no a la velocidad necesaria para entrar en él, antes de que otro lo hiciera, entonces Jesús le habla y le pregunta "¿Quieres ser sano?" El hombre responde que su incapacidad severa le impide llegar al agua a tiempo. El paralítico no sabía que un hombre de fe estaba delante. Jesús manda que se levante, que tome su camilla y camine hasta su casa. Ante el asombro de propios y extraños, el hombre obedece las instrucciones de Jesús, cuya fe volvió a brillar. El Padre complacido y el hombre restaurado a una condición de salud: el doble propósito cumplido.

Hebreos 12:2. La transición de una probable derrota a una victoria aplastante. Jesús experimentó muchas situaciones difíciles: los cuarenta días de ayuno en el desierto, la tentación de Satanás, la traición de su amigo Judas, el complot de los religiosos, el abandono de sus discípulos, entre otras; pero la situación más complicada se dio momentos antes de ser entregado a sus enemigos, fueron minutos de gran angustia, su sudor se mezcló con sangre (condición llamada hematidrosis). Su instinto de conservación cuestionaba la idea de seguir adelante y experimentar la violencia, el escarnio, la humillación, el desprecio, el abuso del poder y, por último, la muerte. La salvación de la humanidad estaba en duda, pero en el punto mas alto del sufrimiento emergió su fe inquebrantable y, fortalecido por el Espíritu Santo, salió a enfrentar su destino: hacer la voluntad de Dios. **"Otra vez fue, y oró por segunda vez, diciendo: Padre mío, si no puede pasar de mí esta copa sin que yo la beba, hágase tu voluntad." (Mateo 26:42 RVR1960).**

En su conversación con Dios encuentra la CERTEZA y también la CONVICCIÓN; lo que vendría era lo mejor para todos, inclusive para Él. El primer día de la semana, temprano en la mañana, se confirmó el triunfo aplastante de Jesús sobre los enemigos de la humanidad: el diablo, el pecado y la muerte habían sido vencidos. Jesús resucitó; la voluntad de Dios se cumplió y, con agrado, el Padre restituyó a Jesús a su lugar de poder y autoridad, y la humanidad pudo ver la salvación. Ahora, vestido de humanidad y sentado a la derecha del padre, con toda su autoridad restituida, Jesús espera el tiempo de volver a la tierra para gobernarla, para hacer morada definitiva con la humanidad. Este es el triunfo de la fe inquebrantable de Jesús.

Jesús manifestó que nosotros, quienes hemos recibido el regalo del Espíritu Santo, estamos en capacidad de desarrollar nuestra fe a su mismo nivel y, según sus palabras, las mismas obras que él hizo –y aún mayores– las podremos hacer. Esa es la fe que agrada a Dios y es la fe que mueve montañas y que es posible desarrollar para nosotros. **"De cierto, de cierto os digo: El que en mí cree, las obras que yo hago, él las hará también; y aún mayores hará, porque yo voy al Padre." (Juan 14:12 RVR1960).** Y entonces, Jesús se convirtió en el modelo que debemos seguir para desarrollar y alcanzar la dimensión de fe que Él alcanzó.

Capítulo 5

LA HUMILDAD Y LA ORACIÓN

Más que un comportamiento, una ubicación y una posición

Es difícil explicar el concepto de humildad en general; en ocasiones usamos la palabra *humilde*, para calificar a personas que se encuentran en condiciones de pobreza, que carecen de recursos suficientes para una subsistencia digna, ubicadas en un estrato de la sociedad en que las oportunidades son mínimas, que viven en sectores marginales en las grandes ciudades o en el campo; así también, usamos el término para reconocer ciertas actitudes o convenciones sociales en las personas que evitan hablar de sus méritos, posición o atributos, que manifiestan poco su valor; por último, el vocablo se usa para señalar a personas con actitud servil, que soportan violencia sin reclamar, aquellas que se dejan manipular, que agachan la cabeza y siguen ejecutando tareas o roles asignados, hablamos de personas venidas a menos, apocadas, seres humano reducidos a su mínima expresión. Lo contrario a la humildad es el orgullo y la arrogancia, ambas características también las encontramos en la especie humana, y son el producto de sobrevalorar quiénes somos, lo que tenemos, de dónde venimos o estamos, etc. Cabe decir que tanto la falsa humildad como la arrogancia son cuestionadas y despreciadas por Dios porque desvirtúan su propia imagen puesta por Él en el ser humano.

Es importante entender que la humildad que estudiaremos en este capítulo no es la de conceptos o convenciones sociales, sino aquella que proviene de nuestra relación con Dios y que, por supuesto, afecta a nuestras relaciones humanas. **"Oh hombre, él te ha declarado lo que es bueno, y** qué pide Jehová de ti: solamente hacer justicia, y amar misericordia, y humillarte ante tu Dios." (Miqueas 6:8 RVR60).** En este pasaje bíblico, quiero subrayar la palabra *humillarte,* y parafrasear la última parte del verso de la siguiente manera: *ser humilde ante tu Dios.* El salmista escribe sobre esta humildad que Dios exalta (en Salmos 147:6). Esta clase de humildad es una provisión de Dios para sus hijos, viene en forma de manto sobre nosotros y nos da la pauta para relacionarnos con Dios a su manera; y con los hombres, también a la manera de Dios. **"Asimismo ustedes, jóvenes, estén sujetos a los ancianos y revístanse todos de humildad unos para con otros porque: Dios resiste a los soberbios pero da gracia a los humildes." (Pedro 5:5 RVA-2015).** El apóstol Pedro usa la frase *revístanse todos de humildad* dándonos a entender que su fuente no está en el interior de la persona, sino que es algo que ponemos sobre nosotros. La fuente es externa, en este caso la fuente es Dios.

"...y estando en la condición de hombre, se humilló a sí mismo, haciéndose obediente hasta la muerte, y muerte de cruz." (Filipenses 2:8 RVR1960). El gran modelo de humildad ante Dios es Jesucristo, el apóstol Pablo recomienda seguir el ejemplo de Cristo. La humildad en nuestro Señor era una constante, el entendía plenamente esto de ser humilde ante Dios y no ante los hombres, Jesús no se humilló ante ningún ser humano, ni aun cuando su vida dependiera de eso, ni ante el Sanedrín, ni ante Pilato, peor aún ante Herodes; el mismo Jesús nos recomienda que seamos y actuemos como Él: **"y aprended de mí, que soy manso y humilde de corazón; y hallaréis descanso para vuestras almas." (Mateo 11:29 RVR1960).**

Estamos claros en que la convención social que funciona entre los seres humanos no es la misma que modeló Jesucristo, quien modeló la humildad ante Dios, influyendo así todas sus relaciones. Adicionalmente mostro que la humildad requerida para relacionarnos con Dios es un revestimiento, un manto que recibimos. Es obvio que debemos preguntarnos dónde, cuándo y cómo recibiremos este manto de humildad. Las respuestas a estas preguntas nos señalarán un momento, una ubicación y una posición, a las que debemos encontrar para que esta descarga suceda; adicionalmente, debemos advertir la necesidad imperativa de recibir el manto de humildad para nuestra vida de oración, su carencia afectará profundamente nuestra relación con Dios, y no solamente eso, sino que su ausencia pone distancia entre Él y nosotros.

Es tiempo de encontrar el momento, la ubicación y la posición. En los evangelios se nos muestran hombres y mujeres que encontraron respuesta a esas tres preguntas. María, la madre de Jesús, desplegó la humildad al encontrar su posición, su ubicación, y el momento en su experiencia con el Arcángel Gabriel. De ahí su cántico conocido como Magníficat. **"⁴⁶Entonces María dijo: Engrandece mi alma al Señor; ⁴⁷Y mi espíritu se regocija en Dios mi Salvador. ⁴⁸Porque ha mirado la bajeza de su sierva." (Lucas 1:46-48 RVR1960).** De ahí en adelante, expresó la humildad en un nivel muy alto, su sometimiento a la voluntad de Dios es la prueba definitiva de sus hallazgos.

El mismo Jesús tenía claro cuáles eran: el momento, la ubicación y la posición en las que se revistió de humildad; Jesús disponía gran cantidad de tiempo para pasar con su Padre, esos eran los momentos en que recibía el manto de humildad; pero también nos enseñó que la ubicación era ante la presencia del Padre, de su presencia manifiesta, y la posición, postrado ante Él. Jesús buscaba momentos para estar a solas con Dios. En esos momentos se desplegaba un manto de humildad sobre Él; eran tan apreciados estos momentos que se ausentaba de la compañía de sus discípulos, se iba a lugares apartados para ubicarse ante la presencia manifiesta del Padre, y se postraba delante de Él (la posición correcta). El manto de humildad se mantiene a través del tiempo y las circunstancias, porque su provisión constante viene de Dios y se renueva en los momentos, ubicación y posición adecuados.

Es importante señalar que cualquier actitud humilde que no provenga de esta fuente será carnal y tendrá motivos equivocados; usualmente, responderá a una ubicación terrenal y a una posición de altivez y arrogancia —obviamente, desechada y rechazada por Dios–. Finalmente, intentaremos parafrasear la bienaventuranza enseñada por Jesús sobre los humildes: FELICES LOS HUMILDES, AQUELLOS QUE ENCONTREMOS EL MOMENTO, LA UBICACIÓN Y LA POSICIÓN, PORQUE NUESTRO SERÁ EL REINO DE LOS CIELOS.

La ubicación en la casa de mi Padre

En el primer capítulo de este libro, ya hemos hablado sobre el momento de intimidad. Por tanto no lo vamos a tratar en éste, pero revisaremos el significado de la ubicación y de la posición. A la ubicación la entendemos como el lugar en el que sucede la descarga de humildad; la parábola del hijo pródigo aporta en gran manera para el concepto de ubicación, Jesús enseña que un hijo pide a su padre la parte de la herencia que le corresponde y, tomándola, abandona el hogar para ir a otra región; deja el hogar que lo cubrió siempre, el amor, la seguridad, el cuidado y la provisión; lo hace para aventurarse a una vida independiente; él toma las decisiones en cuanto a su vida presente sin más consideraciones. **"No muchos días después, juntándolo todo el hijo menor, se fue lejos a una provincia apartada; y allí desperdició sus bienes viviendo perdidamente."** (Lucas 15:13 RVR1960). Nos sucede a millones de cristianos que, en un momento dado, tomamos el control de nuestras vidas y le damos la espalda a Dios; para esto, no necesitamos abandonar un lugar, simplemente desentendernos de la presencia de Dios; tomamos la vida que Dios nos réglalo y la malgastamos sin tener en cuenta lo que Dios anhela, sino solamente lo que nosotros queremos; una vida alejada del propósito de Dios se considera desperdiciada, porque fuimos creados para la intimidad, para la cercanía, para la adoración, para recibir y exponer la vida abundante que Cristo nos prometió.

"¹⁴Y cuando todo lo hubo malgastado, vino una gran hambre en aquella provincia, y comenzó a faltarle. ¹⁵Y fue y se arrimó a uno de los ciudadanos de aquella tierra, el cual le envió a su hacienda para que apacentase cerdos. ¹⁶Y deseaba llenar su vientre de las algarrobas que comían los cerdos, pero nadie le daba." (Lucas 15:14-16 RVR1960). El corral de los cerdos, el hambre y la soledad fueron el resultado de su aventura: manos vacías y un alma destrozada. Para la mirada humana, el muchacho había llegado a una condición humilde, sin embargo, él podía quedarse en ese estado, sin ser humilde ante su padre.

La reflexión y el análisis muestran que nos encontramos en la ubicación incorrecta, que con el corazón roto, la casa de nuestro Padre es el lugar donde deberíamos estar. Es más: es el lugar de donde nunca debíamos haber salido. La condición en que regresamos a la casa de nuestro padre es triste; el olor a cerdo está en nuestros harapos, nuestras condiciones físicas y emocionales deplorables; la intención del muchacho era regresar a ocupar una posición de servicio, pero en la ubicación correcta, la casa de su padre. El muchacho no buscó que se le restituyeran los privilegios de hijo, solo quería estar en el lugar correcto, en la ubicación correcta: ¡la casa de su padre! "**¹⁸Me levantaré e iré a mi padre, y le diré: Padre, he pecado contra el cielo y contra ti. ¹⁹Ya no soy digno de ser llamado tu hijo; hazme como a uno de tus jornaleros. ²⁰Y levantándose, vino a su padre. Y cuando aún estaba lejos, lo vio su padre, y fue movido a misericordia, y corrió, y se echó sobre su cuello, y le besó. ²¹Y el hijo le dijo: Padre, he pecado contra el cielo y contra ti, y ya no soy digno de ser llamado tu hijo.**" (Lucas 15:18-21 RVR1960).

El muchacho recorrió la distancia que lo separaba de la casa paterna y al acercarse ensayó su humilde discurso, sin saber que el padre anhelaba su retorno, que cada mañana salía a la terraza para mirar en el horizonte y descubrir la figura de su hijo acercándose. El día llegó, el padre miró a la distancia y divisó a su hijo volviendo a casa, el padre corrió al encuentro para abrazarlo, el muchacho regresó a la ubicación primigenia y le fueron restituidos sus derechos de heredero entregándole el anillo de autoridad, cumpliendo con lo expresado por el escrito bíblico: "**Porque cualquiera que se enaltece, será humillado; y el que se humilla, será enaltecido.**" (Lucas 14:11 RVR1960).

Es muy importante mencionar la situación de otro personaje de ese mismo relato: el hijo mayor. Si bien el hijo mayor se encontraba físicamente en la casa de su padre, emocional y espiritualmente estaba lejos de allí. Esto impidió que su corazón recibiera la humildad necesaria para relacionarse con el progenitor y ser parte de la familia; no mostró la humildad necesaria, al contrario, su condición rayaba en la arrogancia. Sus palabras muestran esa actitud: "**²⁸entonces se enojó, y no quería entrar. Salió por tanto su padre, y le rogaba que entrase. ²⁹Mas él, respondiendo, dijo al padre: He aquí, tantos años te sirvo, no habiéndote desobedecido jamás, y nunca me has dado ni un cabrito para gozarme con mis amigos. ³⁰Pero cuando vino este tu hijo, que ha consumido tus bienes con rameras, has hecho matar para él el becerro gordo.** (Lucas 15:28-30 RVR1960).** El hermano mayor juzgó a su hermano menor como indigno y al padre como injusto. La humildad que viene de Dios, al encontrar nuestra ubicación y nuestra posición, impide que juzguemos a nuestros hermanos y a nuestro Dios. A pesar de que el hermano mayor estaba en la casa de su padre, la arrogancia le impedía postrarse a sus pies y alegrarse por el apoyo que estaba recibiendo su hermano. El hermano mayor representa a muchos cristianos que intentamos introducir la humildad convencional humana en la relación con Dios y con nuestros hermanos en Cristo, sin embargo, como podemos ver en el relato, esa humildad convencional de hijo sumiso nada tenía que ver con la humildad otorgada por Dios, ya que esta se aplica a la relación con Él y a aquella que debemos entablar entre seres humanos (hermanados en Cristo).

La posición: postrados a los pies de Cristo

El primer elemento de la humildad es la ubicación. Hemos visto que en la casa del nuestro Padre es donde debemos estar todos los días de nuestra vida, en sus brazos, a su cuidado, bajo su manto de protección y su consejo; la casa del padre representa la presencia manifiesta de Dios, ante Él encontramos la ubicación requerida para recibir el manto de humildad del que hemos hablado extensamente. El segundo elemento de la humildad es la posición, postrados a los pies de Cristo, es la posición correcta. Recordemos que la palabra *humildad* tiene como raíz al vocablo *humus*, relacionado con la tierra; nosotros somos polvo al que Dios dio aliento de vida y, en contraste, nos relacionamos con que Él, que es excelso, majestuoso, poderoso, etc. Considerando la distancia entre la criatura y su creador, debemos estar postrados ante Dios; así encontramos la posición correcta.

En el evangelio de Lucas, el escritor nos relata la historia de diez leprosos que se acercaron a Jesús pidiendo misericordia, Jesús les ordenó presentarse al sacerdote para certificar su sanidad y, mientras iban de camino, sucedió que la lepra había desaparecido, estaban completamente sanos; nueve de ellos siguieron su camino a encontrar al sacerdote para que certifique su buen estado de salud, mientras que solamente uno regresó a tomar su posición a los pies de Jesús. El Señor manifestó que a la sanidad recibida por éste, se le añadiría la salvación de su alma; la sanidad es una condición pasajera mientras que la salvación es una condición eterna. Este hombre encontró la ubicación ante Jesucristo, y la posición: postrado ante sus pies;

por ello recibió la humildad que le dio acceso a la salvación. "**¹⁵Entonces uno de ellos, viendo que había sido sanado, volvió, glorificando a Dios a gran voz, ¹⁶y se postró rostro en tierra a sus pies, dándole gracias; y éste era samaritano. ¹⁷Respondiendo Jesús, dijo: ¿No son diez los que fueron limpiados? Y los nueve, ¿dónde están? ¹⁸¿No hubo quien volviese y diese gloria a Dios sino este extranjero? 19 Y le dijo: Levántate, vete; tu fe te ha salvado.**" (Lucas 17:15-19 RVR1960). Entendamos que es esta humildad la que nos hace dignos de recibir las bendiciones de Dios, y esto está relacionado con la recompensa separada para el humilde: el humilde será enaltecido, mientras que el arrogante será humillado.

En el mismo evangelio, encontramos el relato de la visita de Jesús a la casa de Marta y María, hermanas de Lázaro. Marta era la anfitriona perfecta, preocupada de las cosas del servicio, atendiendo las convenciones humanas. Por su parte, su hermana María se sentó a los pies de Jesús. Marta pensó que su posición de servicio al Señor era la correcta, sin embargo Jesús le llamó la atención para mencionarle que el ajetreo de las tareas y las convenciones humanas no atraían lo eterno, sí el aplauso y la gratitud terrenal. Marta no estaba en la posición adecuada; en cambio María, rendida a los pies del Señor, encontró la posición correcta: escogió lo eterno, lo permanente y lo recibió. María encontró la humildad que viene del cielo; mientras que su hermana encontró el cansancio de las tareas.

Atendamos a la contraposición que nos presenta este pasaje bíblico: mientras las convenciones humanas dicen que Marta estaba siendo humilde –sacrificando la intimidad por el servicio–, para Jesús, María encontró su ubicación y su posición ante Él, rendida por completo a sus pies: ubicación y posición correctas. "**³⁹Esta tenía una hermana que se llamaba María, la cual, sentándose a los pies de Jesús, oía su palabra. ⁴⁰Pero Marta se preocupaba con muchos quehaceres, y acercándose, dijo: Señor, ¿no te da cuidado que mi hermana me deje servir sola? Dile, pues, que me ayude. ⁴¹ Respondiendo Jesús, le dijo: Marta, Marta, afanada y turbada estás con muchas cosas. ⁴²Pero sólo una cosa es necesaria; y María ha escogido la buena parte, la cual no le será quitada.**" (Lucas 10:39-42 RVR1960). La verdadera humildad llega a un corazón rendido a los pies de Jesús y que en cada momento de su vida busca estar con Él.

En otra ocasión, Jesús se encontraba comiendo en casa de un fariseo llamado Simón, cuando una mujer pecadora entró, se postró a los pies del Señor y derramó sus lágrimas sobre ellos, los secó con sus cabellos y, luego, los untó con un perfume de gran valor. Esto amplía el concepto de humildad. Volvemos insistir en que la mujer encontró en la cercanía con Cristo la ubicación correcta y, postrada ante sus pies, la posición correcta; entonces recibió la exaltación de Jesús y el reconocimiento de cada generación que la siguió. "**37Entonces una mujer de la ciudad, que era pecadora, al saber que Jesús estaba a la mesa en casa del fariseo, trajo un frasco de alabastro con perfume; 38 y estando detrás de él a sus pies, llorando, comenzó a regar con lágrimas sus pies, y los enjugaba con sus cabellos; y besaba sus pies, y los ungía con el perfume.**" (Lucas 7:37-38 RVR1960). Esta mujer encontró la posición y la ubicación correcta y recibió el manto de humildad que, a su vez, le permitió recibir el perdón y la redención, la posibilidad de un nuevo comienzo.

Contrasta esta actitud con la de Simón, el dueño de casa, quien invitó a Jesús para estar cerca suyo. El fariseo encontró la ubicación, pero su actitud, criticada por Jesús, nos muestra que no encontró una correcta posición. Mientras que la mujer se humilló ante Dios, Simón se enalteció, se mantuvo altivo por sí mismo, pero ella fue enaltecida por Jesús. "**44Y vuelto a la mujer, dijo a Simón: ¿Ves esta mujer? Entré en tu casa, y no me diste agua para mis pies; mas ésta ha regado mis pies con lágrimas, y los ha enjugado con sus cabellos. 45No me diste beso; mas ésta, desde que entré, no ha cesado de besar mis pies. 46No ungiste mi cabeza con aceite; mas ésta ha ungido con perfume mis pies. 47Por lo cual te digo que sus muchos pecados le son perdonados, porque amó mucho; mas aquel a quien se le perdona poco, poco ama. 48Y a ella le dijo: Tus pecados te son perdonados.**" (Lucas 7:44-48 RVR1960). El llamado de atención que hace Jesús a Simón es digno de ser considerado por todos aquellos que pensamos encontrar en la religiosidad la posición adecuada ante Dios. Está claro en el ejemplo que la religiosidad no nos lleva a la salvación, pues es una posición distinta a la que Jesús considera correcta. Si venimos a su encuentro, la posición correcta es rendidos a sus pies.

Otro de los ejemplos relevantes es el del apóstol Pedro quien encontró su ubicación a los pies de Cristo y, postrado ante Él, se entregó al llamado; luego, dejándolo todo, lo siguió para convertirse en uno de los hombres más relevantes para la Iglesia de Cristo. "**8Viendo esto Simón Pedro,** cayó de rodillas ante Jesús, diciendo: Apártate de mí, Señor, porque soy hombre pecador. ⁹Porque por la pesca que habían hecho, el temor se había apoderado de él, y de todos los que estaban con él." (Lucas 5:8-9 RVR1960). La respuesta de Pedro encierra el secreto de la humildad.

Lleguemos a la conclusión que parece más simple –aunque a veces no muchos cristianos la tenemos presente–, la humildad no es otra cosa que encontrar dos elementos: la ubicación ante Jesús y la posición que adoptemos ante Él (que es de rendición completa, postrados). No es difícil encontrar la razón y la motivación: la razón es que a los pies de Jesús descubrimos la esencia de nuestro ser y la esencia del suyo; hallamos nuestra nueva identidad. Somos seres humanos que, sin importar nuestro nivel espiritual, tendremos siempre limitaciones, mientras que Él es perfecto, sin fallas; no obstante, postrados ante sus pies, encontramos el mecanismo para ser transformados y en esa posición recibimos de Él la descarga del manto de humildad que nos permite relacionarnos en intimidad con Dios y con los hombres. La esencia de Dios es la perfección absoluta y, frente a eso, nos rendimos, muchas veces por temor reverente, otras muchas por gratitud infinita, porque no existe otra respuesta racional a semejante despliegue de bondad. Dios es siempre bueno, siempre es bueno Dios.

Jesús, el modelo de la humildad

Durante su ministerio en la tierra, Jesucristo modeló una vida de oración y en ella encontramos a la humildad como uno de los sus pilares, aunque Él jamás se humilló ante ningún hombre, ni ante Poncio Pilatos –el gobernador romano–, ni ante Herodes –el rey de la región–, tampoco lo hizo ante el Sumo Sacerdote –la máxima autoridad religiosa en Israel–, ni se humilló, ni se dejó usar por estos hombres para sus fines perversos. No lo pudieron neutralizar y esa fue una de las razones de su ejecución. ¿Si Jesús regresaría ahora en la misma condición de un hombre –pero sin hermosura, como lo caracterizó Isaías–, lo recibiríamos en nuestra Iglesia? ¿Le permitiríamos usar el púlpito para predicar o enseñar? Desde el punto de vista humano, Jesús era arrogante porque, como hemos leído, no se humillaba ante nadie.

En los evangelios encontramos ejemplos claros de esa humildad ante Dios que era permanente, no eran episodios aislados sino una constante en su vida, pero, para efectos del libro, enunciaremos algunos para entender el concepto.

"Llevad mi yugo sobre vosotros, y aprended de mí, que soy manso y humilde de corazón; y hallaréis descanso para vuestras almas". (Mateo 11:29 RVR1960). La humildad de la que habla Jesús no era aquella de convenciones humanas, Jesús traía una definición propia y tenía que ver con su ubicación ante su Padre y la posición requerida que era postrado, rendido por completo a su voluntad; podemos decir que no hay parangón entre la humildad que nos modeló Jesús y la humildad que el ser humano tiene como convenciones sociales, una es la humildad que el ser humano ha construido a través de los siglos y, otra, es la que Dios deposita sobre nosotros como un manto y considera trascendente para la vida cristiana y es aquella que Cristo modeló; la humildad de Cristo viene del cielo y es espiritual, mientras que la humana es carnal y generada dentro de la naturaleza caída del hombre; Jesús nos pide que aprendamos de su humildad; consideremos que si la humildad que encontró en la tierra hubiera sido la correcta, Él no habría sugerido que nos fijáramos en la suya y que siguiéramos su modelo.

Vamos a señalar momentos específicos en que Jesús modeló la humildad que debemos seguir. El escritor bíblico lo describe magistralmente: **"⁶el cual, siendo en forma de Dios, no estimó el ser igual a Dios como cosa a que aferrarse, ⁷sino que se despojó a sí mismo, tomando forma de siervo, hecho semejante a los hombres". (Filipenses 2:6-7 RVR1960).** El Hijo de Dios, el Príncipe del cielo, dejó su trono, se despojó de lo que por derecho era suyo, para descender a la tierra y habitar entre los hombres y convivir como uno de ellos, abandonó su autoridad y su poder, y tomó la naturaleza humana con todas sus complejidades; vivió como hombre y de esta manera nos modeló la verdadera humildad. Cristo, para sorpresa de todos, mantiene su cuerpo humano y lo hará por la eternidad, el apóstol Juan, en el libro del Apocalipsis, relata haber visto en el lugar del trono de Dios a una figura humana, vestido de autoridad y poder, que tomará el protagonismo en los últimos días y descenderá a la tierra que dejó, regresará con poder y autoridad para establecer la justicia, la verdad y el amor entre nosotros. **"Miré, y he aquí una nube blanca; y sobre la nube uno sentado semejante al Hijo del Hombre, que tenía en la cabeza una corona de oro, y en la mano una hoz aguda." (Apocalipsis 14:14 RVR1960).**

El episodio en que Jesús va al Jordán para ser bautizado por Juan revela la humildad modelada por Jesús. Encontramos a Juan el Bautista renuente de bautizar a Jesús, reconociéndole con el Mesías, mostrando la humildad convencional, alguien con mayor autoridad que él estaba requiriendo el bautismo, sin embargo, Jesús le pide ser bautizado, pues entendía que estaba siendo humilde ante Dios, esa era la voluntad del Padre. Jesús conocía su ubicación frente al Padre, como el siervo sufriente le correspondía someterse al bautismo, su linaje, como hijo de Dios, era mayor al de Juan el Bautista, un simple mortal, sin embargo, Jesús miraba detrás de la acción misma del bautismo la oportunidad de ser humilde ante Dios; Jesús miraba en el acto la voluntad eterna de su Padre. En el momento en que Jesús entró al agua, los cielos se abrieron, el Espíritu Santo descendió sobre Él y permaneció en Él durante su vida ministerial: Jesús recibe la provisión de Dios, el Espíritu Santo le permitirá cumplir con la tarea encomendada. Luego se oyó la voz de Dios expresando estar complacido con la humildad modelada por su hijo amado, la humildad juega un papel trascendente en nuestra relación con Dios y en particular con su Espíritu Santo que mora en nosotros.

La muestra más grande de humildad fue la crucifixión y muerte de Cristo. Partamos de que, como hombre, no debía morir pues no había cometido ningún crimen –la cruz era un medio de castigo romano para los delincuentes más avezados, y cumplía el propósito de persuadir a la población para no tomar el camino de la delincuencia–; como hijo de Dios, tampoco la muerte en la cruz era justa, pues Él venía a salvar a la humanidad, sin embargo, lo asesinaron. Este castigo fue inmerecido, pero era necesario para cumplir la voluntad de Dios. En los momentos previos, en el Huerto de los Olivos, Jesús luchó internamente con la idea de su muerte. **"⁴¹Y él se apartó de ellos a distancia como de un tiro de piedra; y puesto de rodillas oró, ⁴²diciendo: Padre, si quieres, pasa de mí esta copa; pero no se haga mi voluntad, sino la tuya." (Lucas 22:41-42 RVR1960)**. En una situación crítica, en su condición humana, Jesús se humilla ante el Padre y somete todo su ser a la voluntad de Dios, su decisión fue continuar con el plan de Dios, dejar de lado sus temores y enfrentar a la brutalidad humana. Esa es la humildad modelada por Jesús en su vida de oración, ante el Padre, en intimidad, postrado, adoptando la voluntad superior antes que la suya propia; humildad inquebrantable, sujeta a toda prueba, y sin el menor indicio de duda. "**¹⁷Por eso me ama el Padre, porque yo pongo mi vida, para volverla a tomar. ¹⁸Nadie me la quita, sino que yo de mí mismo la pongo. Tengo poder para ponerla, y tengo poder para volverla a tomar. Este mandamiento recibí de mi Padre.**" (Juan 10:17-18 RVR1960).

De la gloriosa expansión infinita y eterna, al vientre diminuto de una adolescente; del trono de Dios y su grandeza, al trabajo manual para su subsistencia; de la exaltación a la desondra y de la luz admirable a la oscuridad de un sepulcro; y de allí de regreso a la gloria. Ahora, Jesús está sentado a la diestra de Dios, en su forma humana espera su segunda venida, esta vez para gobernar, para borrar el llanto de nuestros ojos y el dolor de nuestros cuerpos, y para llevarnos con Él a reinar. Nos atrevemos a decir que esa es la recompensa de la verdadera humildad, al que se humilla ante Dios, Dios lo exalta a lo sumo, Jesucristo fue el primero, nosotros, quienes adoptemos a la humildad que nos modeló, le seguiremos. Busquemos, en la palabra de Dios y en la inspiración del Espíritu Santo, imitar a Jesús en su forma de ser humilde ante Dios.

El propósito de la humildad

Hemos dejado en claro que el primer elemento de la humildad es encontrar la ubicación ante la presencia de Dios, en la casa de mi Padre, a su abrigo, a su cuidado, y que es una ubicación permanente, un hogar. "**El que habita al abrigo del Altísimo, morará bajo la sombra del Omnipotente.**" (Salmos 91:1 RVR1960). El segundo elemento de la humildad es la posición: postrados ante los pies de Jesucristo, rendidos, entregados, enamorados, apasionados por Él. Esta humildad compuesta se presenta, en primer término, en nuestra certeza y convicción de que la voluntad y los planes de Dios son perfectos, de que su provisión para cada circunstancia está preparada de antemano porque sabe lo que ha de suceder; no que Él haya dispuesto de antemano, ya que hay varios factores que moldean cada suceso –como el libre albedrío, tanto el nuestro como de quienes nos rodean–; es esta actitud humilde la que nos permite recibir dicha provisión de Dios que, reitero, es para cada circunstancia. Dentro de su provisión están la sabiduría, la voluntad, la guía, el sustento, el cuidado, la fuerza, etc. Y todos en proporción a nuestra necesidad. Dios no desperdicia recursos. Cambian las circunstancias y la provisión cambia; muchas veces debemos dejar lo que nos quedó de la provisión anterior para recibir el suministro adecuado a las nuevas circunstancias.

Cuando mi hija Ana era pequeña, asistíamos regularmente a las fiestas de cumpleaños de los niños de su escuela. En el juego de la piñata, mi hija lograba llenar sus manos con caramelos. En una ocasión, Ana tenía sus manos llenas de dulces cuando, de repente, la madre del cumpleañero se acercó a ella con un regalo sorpresa. Aún no había disfrutado de su hazaña y ya se le presentaba otra oportunidad para recibir algo más. Por un momento dudó, miró el regalo en las manos de la madre, miró sus propias manos llenas con el botín de su aventura y me miró a los ojos. Transcurrieron unos segundos de duda, pero reaccionó, me entregó los dulces y, emocionada, tomó el regalo… El dilema en su cabeza era obvio: mantener lo que tenía en sus manitos o vaciarlas para obtener el regalo que le ofrecían, luego entendió que estaba en otro momento, la alegría por lo obtenido duró muy poco, ese momento era el de la sorpresa, ahora debía despojarse de lo que cargaba entre manos para recibir lo que la nueva circunstancia le ofrecía.

Esta escena está grabada en mi mente y me dejó una gran lección en cuanto a mi relación con Dios y sus bendiciones. En mi vida he recibido provisión de Dios para cada circunstancia, mucha de esa provisión ya no es parte de mi vida porque los momentos cambian y las circunstancias son otras, pero Dios nunca cambia, es el mismo ayer, hoy y por siempre, es el proveedor por excelencia. Me ha costado desprenderme de algunas provisiones porque, en su momento, significaron seguridad desde el punto de vista material, pero desde el punto de vista espiritual, la seguridad está en quien te da la provisión y no en la provisión por sí misma; entender este presupuesto constituye un acto de humildad de aquella que modeló Cristo, dejar las bendiciones que en un momento te hicieron sentir seguro no es fácil, pero la humildad te permite desprenderte de lo que sea, en el entendimiento de que Dios está ahí para proveer en cualquier circunstancia que pudiera venir.

Emprender algo nuevo requiere de humildad, entendemos nuestra ubicación en la casa de nuestro Padre celestial, encontramos nuestra posición a los pies de Jesús, derramamos nuestros perfumes sobre ellos y estamos dispuestos a ir detrás de las promesas y bendiciones que el momento y la circunstancia requieren. La acumulación de provisiones nunca fue la idea de Dios, sin embargo, cuando trasladamos nuestra seguridad en el Proveedor hacia las provisiones es cuando la idea de acumular nos invade, pues retira nuestra seguridad en lo espiritual e invisible para ponerla en las cosas que se ven y se pueden tocar. Esto significa dejar la humildad y tomar una posición de arrogancia, decir "lo que tengo es mejor que lo que Dios me puede ofrecer". ERROR: algo importante de la humildad es que actuamos por fe y no por lo que podemos ver de antemano, las bendiciones de Dios están como envueltas en papel de regalo, no sabremos en qué consisten hasta que no estén frente a nosotros, simplemente tenemos la seguridad de que estarán allí cuando las necesitemos.

Qué mejor ejemplo para ilustrar la humildad que la historia de José, el hijo de Jacob, relatada en el libro del Génesis. El padre de José tenía preferencia por él sobre el resto de sus hijos y, esa preferencia causó la indignación y celos de éstos al punto de que, decidieron venderlo como esclavo. Para esa etapa de hijo de familia Dios puso sueños en el joven José, sueños que fueron criticados por todos, inclusive por su padre, sin embargo, José no los ocultó porque venían de Dios.

Vendido por sus hermanos como esclavo, cambiaron sus circunstancias de manera radical y en esa condición llegó a Egipto, a la casa de Potifar, allí recibió de Dios la provisión –que llegó en forma de sabiduría y conocimiento sobre administración–. Siendo esclavo se convirtió en la mano derecha de Potifar y administrador de todo su patrimonio (la provisión de Dios es multiforme. En Él, las posibilidades son muchas). No encontramos en el relato alguna queja de José, o autoconmiseración por la circunstancia que le estaba tocando vivir, su carácter humilde le permitió recibir la provisión de Dios para enfrentar esa situación.

Con el tiempo, su circunstancia cambió y el escenario también. De la casa de Potifar en donde era el administrador de todos sus bienes y su mano derecha, a la cárcel de los siervos del Rey, acusado injustamente y encarcelado. En esta nueva vida, recibió de Dios el don del liderazgo y el del manejo de recursos humanos; en la cárcel no hay bienes que administrar como en casa de Potifar, pero hay presos que liderar y actividades que cumplir. Su desempeño fue eficaz y, por tanto, se convirtió en la mano derecha del carcelero, nunca la cárcel estuvo tan bien organizada como cuando José la dirigía. El preso habría podido hundirse en la depresión por su mala suerte, podía haberse llenado de odio en contra de sus hermanos, pero no fue así, él tomaba la provisión de Dios para la circunstancia que le tocaba vivir y así conquistaba lo mejor del momento (por malo que este fuera); cualquiera de nosotros, al estar en la cárcel de un país desconocido podría sentir que ha llegado el fin, sin embargo, la humildad de José le permitió recibir de Dios el don de interpretar sueños, esta provisión sería su boleto de salida de la cárcel y la entrada al palacio del Faraón; increíble, suena como película de fantasía... Ante el Faraón, Dios le concedió a José el don de la gracia, merced a lo cual el Faraón decidió confiarle la administración del imperio más grande de la época.

El corolario, la cereza del pastel, el clímax de la historia, sucede cuando sus hermanos se postran delante de José buscando su perdón por haberlo despreciado, sin embargo, José responde desde la perspectiva de su humildad ante Dios. "**¹⁸Vinieron también sus hermanos y se postraron delante de él, y dijeron: Henos aquí por siervos tuyos. ¹⁹Y les respondió José: No temáis; ¿acaso estoy yo en lugar de Dios? ²⁰Vosotros pensasteis mal contra mí, mas Dios lo encaminó a bien, para hacer lo que vemos hoy, para mantener en vida a mucho pueblo. ²¹Ahora, pues, no tengáis miedo; yo os sustentaré a vosotros y a vuestros hijos. Así los consoló, y les habló al corazón." (Génesis 50:18-21 RVR1960).**

Las palabras de José muestran su carácter humilde, siempre esperando la provisión de Dios para cada circunstancia. Dios tiene provisión suficiente para poner a nuestro favor y ventaja todo aquello que las personas malintencionadas hayan generado con la finalidad de provocarnos algún tipo de mal. La ubicación de José nunca estuvo ni en la casa de su padre, ni en la de Potifar; ni siquiera en el palacio del Faraón. Su ubicación permanente fue la presencia de Dios, y la posición continua, la de rendición completa ante sus pies. "1El que habita al abrigo del Altísimo morará bajo la sombra del Todopoderoso. 2Diré yo al SEÑOR: ¡Refugio mío y castillo mío, mi Dios en quien confío!" (Salmos 91:1-2 RVA-2015). La vida de José, al igual que la vida de nuestro Señor y Salvador nos inspira a obtener la verdadera humildad, aquella que no depende de las circunstancias, que tiene un solo beneficiario, nuestro Dios. José no guardó rencor en contra de sus hermanos, porque no estuvo enfocado en lo que ellos hicieron, mantuvo el enfoque en lo que Dios haría en cada circunstancia y esto pagó dividendos, porque la verdadera humildad tiene dividendos incalculables.

Permítame ilustrar la importancia del desprendimiento de lo que somos o tenemos; para ello citaré la enseñanza de Jesús sobre el Reino de los Cielos: **"Además, el reino de los cielos es semejante a un tesoro escondido en un campo, el cual un hombre halla, y lo esconde de nuevo; y gozoso por ello va y vende todo lo que tiene, y compra aquel campo." (Mateo 13:44 RVR1960).** Cuando llegamos a entender la humildad que Jesús modeló, sabemos, a ciencia cierta, la envergadura de la provisión de Dios. Esta es tan grande como sus posibilidades y éstas son infinitas. Adicionalmente, hay gozo que viene con la humildad; un hombre y una mujer humilde siempre tiene el gozo del Señor en su vida, se manifiesta en la simple presencia y en todas sus acciones: las nuevas oportunidades, en vez de producirnos angustia, nos producen gozo por la expectativa de lo que hará Dios, el gozo en cualquier tiempo es la prueba plena de que hemos hallado la humildad que Cristo modeló.

Capítulo 6

PEDIR, BUSCAR, LLAMAR

El acceso a las bendiciones

Si nos ponemos a pensar, el universo en toda su grandeza fue una idea de Dios. Cada cosa que existe responde al diseño perfecto de su mente maestra y a su capacidad de traerlo a existencia. Lo que existe, material e inmaterial, presente y futuro, en su integridad, pasa por la mente de Dios y luego existió por su sola voluntad. **"Toda buena dádiva y todo don perfecto desciende de lo alto, del Padre de las luces, en el cual no hay mudanza, ni sombra de variación." (Santiago 1:17 RVR1960).** Por esta enseñanza, sabemos de dónde provienen las bendiciones: son regalos y dones perfectos que Dios nos otorga. Inclusive las obras humanas por las cuales nos llenamos de orgullo primero nacieron en la mente de Dios y Él infundió el diseño en la mente del hombre y en sus manos la capacidad de ejecutarlos (con los materiales que también Dios le dio). Si todo proviene de Dios, existe una ventaja inmensa: sus recursos son inagotables y abundantes. Entonces, ¿cómo hacemos para tener una buena provisión para nosotros? La respuesta que Jesús nos da es: PEDIR, BUSCAR Y LLAMAR.

Los astrónomos aseguran que el universo sigue en expansión, sin embargo, no han podido establecer sus límites porque no hay un telescopio suficientemente potente para mirar esa frontera. En base a los atributos de Dios −entre ellos: todo poderoso, infinito, eterno, etc.− podemos asegurar que las posibilidades en Él son ilimitadas. En contraposición a las posibilidades de Dios, las nuestras son limitadas y escasas porque en cualquier momento se agotan. El rey Salomón lo expresa de esta manera en **"Pero ¿es verdad que Dios morará sobre la tierra? He aquí que los cielos, los cielos de los cielos, no te pueden contener; ¿cuánto menos esta casa que yo he edificado? 28 Con todo, tú atenderás a la oración de tu siervo, y a su plegaria, oh Jehová Dios mío, oyendo el clamor y la oración que tu siervo hace hoy delante de ti."** (Reyes 8:27-28 RVR1960). El costo del Templo de Salomón en valor actual bordea los 408 billones de dólares. En el planeta, en este momento, no existe una construcción con tanto valor. Considerando aquel portento de arquitectura, Salomón reconoce su insignificancia comparado con la grandeza infinita de Dios. Es de suprema importancia que nosotros tengamos esta perspectiva muy clara; depender de Dios es lo sabio y lo necesario para una vida abundante. No me refiero a la abundancia de bienes solamente, sino de bendiciones, en todos los ámbitos en que somos carentes. Para mí, la necesidad de Dios es absoluta y permanente.

Lo segundo que necesitamos saber es que a Dios le importa cada uno de nosotros y la humanidad entera. Llevamos la imagen y semejanza de Dios y fuimos creados para intimidad con Él, por tanto, le importamos. Aunque mucha gente desconoce el obrar de Dios en la historia, Él está participando siempre, las circunstancias se dan por muchas razones, principalmente por el libre albedrío de los seres humanos, muchas son consecuencia de nuestros propios actos, y Dios en su soberanía permite que vivamos lo que hemos provocado. En ocasiones Él impide que las consecuencias desborden en destrucción total y previene la continuidad de la raza humana en este planeta, Él impide que se salgan de un curso que ha sido establecido desde la eternidad.

La muestra de amor por excelencia es la muerte y resurrección de Jesucristo para salvar a la humanidad. El versículo más citado en todos los tiempos es el siguiente: **"Porque de tal manera amó Dios al mundo, que ha dado a su Hijo unigénito, para que todo aquel que en él cree, no se pierda, mas tenga vida eterna."** (**Juan 3:16 (RVR1960)**. Entendamos que Dios entregó la vida de su Hijo por nosotros, para reconciliarnos con Él y para que volvamos a tener intimidad como en el principio de los tiempos, en el jardín del Edén; el resto, me refiero a su provisión, está garantizada por el siguiente razonamiento: si fue capaz de dar su vida cómo no será capaz de repartir su provisión. Podemos afirmar que los recursos de Dios están a disposición de sus hijos porque nos ama. El apóstol Pablo lo expresa así: "**Antes bien, como está escrito: Cosas que ojo no vio, ni oído oyó, Ni han subido en corazón de hombre, Son las que Dios ha preparado para los que le aman.**" **(Corintios 2:9 RVR 1960).**

Uniendo la infinita y abundante provisión de Dios y su amor incondicional por nosotros (que superó toda prueba en la cruz), podemos concluir que nos encontramos a las puertas de una gran provisión y debemos conocer el mecanismo para acceder a ella. La respuesta se encuentra en estos tres vocablos: *pedid*, *buscad* y *llamad*.

Pide, busca y llama

Esta es la instrucción de Jesús: "**Y yo os digo: Pedid, y se os dará; buscad, y hallaréis; llamad, y se os abrirá.**" **(Lucas 11:9 RVR1960).** Al utilizar los verbos en esa conjugación, Jesús, nos está mandando las siguientes acciones: pedir, buscar y llamar. Detrás de las acciones debe existir una voluntad férrea de atraer las bendiciones que Dios tiene en su regazo para nosotros. Son verbos de acción continua, activa y consciente.

Pedir

Escucho a muchos cristianos decir que Dios conoce nuestras necesidades y, por tanto, no es necesario pedir para que Él nos favorezca con su provisión. Parte de la aseveración es verdad, Dios sí conoce lo que necesitamos, lo que anhelamos, etc. Pero la segunda parte de la oración no tiene sustento, porque violenta el mandato de Jesús de pedir, buscar y llamar. En otra ocasión, Jesús explica a sus discípulos que sus carencias parten de su incapacidad para pedir y que, cuando piden, fallan en el propósito, porque lo hacen para satisfacer su naturaleza pecadora. Existe mucha ignorancia alrededor de este mandato y como consecuencia existe desobediencia; en muchos casos, los cristianos somos arrogantes en el sentido de pensar que Dios nos ha dado manos para trabajar y obtener lo necesario para nuestra subsistencia; y, debido a la arrogancia de nuestro corazón, no pedimos, no buscamos y no llamamos y como consecuencias, no tenemos. Otro concepto que debemos cambiar es que la provisión de Dios solamente es material (bienes y servicios), pero la provisión de Dios alcanza todos los ámbitos de nuestras necesidades: físicas, emocionales y espirituales. La consecuencia por esta desobediencia nos afecta directamente a nosotros y a quienes nos rodean, dejamos de recibir lo que Dios tiene preparado de antemano.

Guarde lo siguiente en su corazón: cuando pedimos no estamos intentando convencer a Dios de que sea generoso o bondadoso con nosotros, porque su generosidad es parte de su esencia, Él es dadivoso y generoso; Dios es el dador por excelencia, su disposición es permanente, mejor dicho, eterna, en cuanto a dar nadie le gana. La petición, la búsqueda y el llamado son simplemente el protocolo, el procedimiento establecido para que podamos recibir. El resultado está garantizado por las palabras de Jesús; Él es el Dios de pactos y promesas. Si Él lo prometió, Él lo cumplirá. Su anhelo de dar sobrepasa en gran manera al nuestro de recibir. Pedir es simplemente el mecanismo establecido por Dios para recibir de Él, estas tres acciones son el camino para recibir.

El principio es ineludible, consideremos que el Hijo, la segunda persona de la trinidad, el príncipe de Cielo, el heredero del Reino, está obligado a pedir; por tanto, si el mismo Jesús debía pedir para recibir, nosotros, de igual manera, debemos pedir para que podamos recibir. **"Pídeme, y te daré por herencia las naciones, Y como posesión tuya los confines de la tierra." (Salmos 2:8 RVR1960)**. En el Antiguo Testamento, el principio de pedir para recibir se encuentra plasmado en muchos relatos, por ejemplo, el caso de Salomón, heredero al trono de su padre David. **"Y aquella noche apareció Dios a Salomón y le dijo: Pídeme lo que quieras que yo te dé." (Crónicas 1:7 RVR1960)**. Salomón veía que las responsabilidades como rey del pueblo de Dios excedían en gran manera a sus capacidades humanas, por eso, consideró la provisión de Dios imprescindible para ejercer sus tareas. El pidió sabiduría y Dios se la otorgó.

Jesucristo mismo respalda este principio. **"Y todo lo que pidiereis al Padre en mi nombre, lo haré, para que el Padre sea glorificado en el Hijo." (Juan 14:13 RVR1960)**. Jesús se compromete con que tengamos respuesta a nuestros pedidos, búsquedas y llamadas y añade que, con la respuesta, vendrá otra recompensa que es el gozo cumplido. **"Hasta ahora nada habéis pedido en mi nombre; pedid, y recibiréis, para que vuestro gozo sea cumplido." (Juan 16:24 RVR1960)**. Jesús, de todas las maneras posibles, estableció la bondad y generosidad del Padre. **"Pues si vosotros, siendo malos, sabéis dar buenas dádivas a vuestros hijos, ¿cuánto más vuestro Padre que está en los cielos dará buenas cosas a los que le**

pidan?" (Mateo 7:11 RVR1960). No solo se compromete con la respuesta, sino que apuntala el principio enunciado, el corazón generoso de Dios y su anhelo de bendecir, de dar buenas cosas. Dios es bueno siempre.

Jesús cuenta la historia de una viuda que presentó una petición formal ante un juez para que este le hiciera justicia en contra de su adversario. Quien debía impartir justicia era un juez injusto a quien no le importaban las críticas y la oposición de las cuales era objeto. Era tan malo que ni siquiera tenía miedo del juicio de Dios. Obviamente, el pedido de la viuda estaba en las manos equivocadas. A este juez, en particular, le importaba muy poco que fuese una viuda la que pedía justicia. En esta circunstancia, el proceso tardaría años en resolverse y había la posibilidad que el juez fallase en contra de la viuda. Como si fuera poco, a todo esto, añadimos que el juez no quería ayudarla. Sin embargo, la viuda persistió en su pedido de justicia. **"Había también en aquella ciudad una viuda, la cual venía a él, diciendo: Hazme justicia de mi adversario." (Lucas 18:3 RVR1960).** Imaginemos que el juez encontraba a la viuda a las puertas del juzgado, a la salida de él, en la calle, y que escuchaba el clamor de la viuda de que le hiciera justicia hasta en sus sueños. Esta actitud de la mujer afectó al Juez de tal manera que, contrario a su naturaleza, y contrario a su intención, tomó la decisión de hacer justicia en el caso y fallo a su favor. Esta es la reflexión del juez por la cual resolvió hacerle justicia: **"⁴Y él no quiso por algún tiempo; pero después de esto dijo dentro de sí: Aunque ni temo a Dios, ni tengo respeto a hombre, ⁵sin embargo, porque esta viuda me es molesta, le haré justicia, no sea que viniendo de continuo, me agote la paciencia." (Lucas 18:4-5 RVR1960).** La actitud de la viuda de venir de forma incesante con la petición, con el requerimiento, es la que manda Jesús cuando nos ordena pedir, buscar y llamar. Jesús añade algo importante en referencia a lo que ya hemos establecido, si este mal juez y mal ser humano hizo justicia en favor de la viuda motivado por esa búsqueda incesante, ¿cómo no sería capaz nuestro Padre celestial de responder favorablemente a nuestro insistente pedido que asciende a su trono tanto en el día como en la noche?

Buscar

El verbo *buscar* tiene connotación de mucha acción y, además, indica constancia y persistencia. Las llaves son objetos escurridizos, y a todos nos ha pasado que cuando estamos saliendo de casa apurados, no encontramos las llaves, entones comienza una búsqueda frenética que no para hasta alcanzar el objetivo: tener la llave en la mano y salir corriendo… A eso se refiere el término BUSCAR. A través de una parábola, Jesús enseña: "**¿O qué mujer que tiene diez dracmas, si pierde una dracma, no enciende la lámpara, y barre la casa, y busca con diligencia hasta encontrarla? 9 Y cuando la encuentra, reúne a sus amigas y vecinas, diciendo: Gozaos conmigo, porque he encontrado la dracma que había perdido." (Lucas 15:8-9 RVR1960).** La búsqueda diligente dio como resultado el hallazgo de la moneda, a lo cual se añade el gozo que genera dicho hallazgo, gozo que puede ser compartido con quienes nos rodean. La búsqueda incesante de Dios es la norma, no debería ser un caso aislado de uno o dos cristianos, y tampoco esporádica sino continua, pues la vida depende de ella. **"Pero así dice Jehová a la casa de Israel: Buscadme, y viviréis." (Amós 5:4 RVR1960).** El tema de la búsqueda no es una opción, como hemos dicho, de ella depende nuestra vida. Jesús nos ofrece una vida abundante, nos regaló la salvación y nos ungió con el Espíritu Santo, en adelante, la búsqueda debe ser la acción continua de nuestra voluntad. Queremos vivir la vida que Jesús nos vino a dar, lancémonos en su búsqueda incesante.

Llamar

¿Nos hemos quedado alguna vez frente a una puerta con la intención de tocar para que se nos abra y, luego de algunos minutos, nos dimos la vuelta y nos alejamos? Las razones son variadas: el miedo, la inseguridad, etc. Nos quedamos con la duda sobre lo que habría sucedido si hubiésemos llamado. Qué distinto es cuando, de antemano, conocemos que el resultado será favorable para nosotros; que nos conviene llamar. Así sucede con nuestras llamadas a Dios, no nos quedamos escuchando el tono de ocupado o la contestadora automática, la respuesta a nuestro llamado está detrás de la puerta. Es imperativo que lo hagamos también con insistencia; de la misma manera en que lo hacemos con las otras acciones de pedir y buscar. El resultado está preestablecido por el mismo Jesús: "Se os abrirá". Jesús ilustra el concepto con una parábola. Alguien recibe una visita inesperada a media noche y no tiene qué ofrecer al recién llegado. El visitante tiene hambre y el anfitrión no tiene nada para darle, así que, a esa hora de la noche, se dirige a la casa de su amigo y llama a la puerta con el propósito de pedir prestado alimento (tres panes). En principio, el amigo no le abre, pues no tiene intención de levantarse ni molestar a la familia encendiendo una luz. El anfitrión, en su desesperación, vuelve a tocar e insiste con el pedido. La recomendación de Jesús se encuentra en el relato: "**Os digo, que aunque no se levante a dárselos por ser su amigo, sin embargo por su importunidad se levantará y le dará todo lo que necesite." (Lucas 11:8 RVR1960)**. Tomemos en cuenta que, en este caso, la amistad no fue la que generó el resultado, sino la insistencia. Es casi innecesario señalar que Dios está dispuesto a abrirnos la puerta para que podamos tener comunión con Él.

Revisemos nuestra actitud frente a Dios en estos tres aspectos: pedir, buscar y llamar. Tengamos cuidado de que: 1. No seamos negligentes; 2. No permitamos que nuestro corazón desfallezca. 3. No permitamos que el temor nos paralice. El verdadero amor desplaza al temor. Por otro lado, revisemos nuestra voluntad de: 1. No desmayar; 2. Insistir todo lo que fuese necesario; 3. No rendirnos ante la demora.

Una vida de oración es la que emprende frenéticamente en la llamada, la búsqueda y el pedido, y pone toda su energía –y más– en ello. ¿Será que nuestra vida de oración es así?

Ejemplos: pedir, buscar y llamar

De lo expresado en este capítulo, la vida de oración tiene una carga muy grande en cuanto a pedir, buscar y llamar. El apóstol Pablo, en sus cartas, habla de los pedidos que él hace a Dios; pedidos en favor de las iglesias alrededor del mundo y, también, de manera particular, en favor de cada creyente. A estos pedidos los tenemos que replicar en nuestro tiempo de intimidad con Dios, pues la provisión de Dios para ellos es trascendente para obtener una vida equilibrada y madurez espiritual. La perspectiva del mismo Jesús y de los escritores neotestamentarios son muy importantes, pues sus pedidos parten de la experiencia de plantar y edificar iglesias. A continuación, algunos pedidos, búsquedas y llamados expresos:

1. *Oración pidiendo a nuestro maravilloso Padre que nos otorgue sabiduría y revelación en el conocimiento de Él a través del Espíritu Santo*. Recordemos que el Espíritu Santo es nuestro maestro y guía,

pues Él maneja el conocimiento de Dios de primera mano. Este conocimiento nos permitirá: a) entender cuál es la dimensión de nuestro llamado; b) entender la envergadura de nuestra salvación; c) entender la magnitud del poder de Dios que opera en nosotros a través del Espíritu Santo. **"¹⁷Le pido al Dios de nuestro Señor Jesucristo, es decir, al Padre maravilloso, que les dé su Espíritu, para que sean sabios y puedan entender cómo es Dios. ¹⁸También le pido a Dios que les haga comprender con claridad el gran valor de la esperanza a la que han sido llamados, y de la salvación que él ha dado a los que son suyos. ¹⁹Pido también que entiendan bien el gran poder con que Dios nos ayuda en todo. El poder de Dios no tiene límites."** (Efesios 1:17-19 TLA).

2. *Oración pidiendo ser fortalecidos en nuestro ser interior por el Espíritu Santo para que seamos templo del Dios viviente, anfitriones de la presencia manifiesta de Dios, de esta manera estaremos cimentados en su amor y, unidos con los santos podremos descubrir la magnitud de este amor.* Hay cuatro dimensiones del amor de Dios: anchura, longitud, altura y profundidad; cada una de estas dimensiones son infinitas, no tienen principio ni fin, nosotros fuimos introducidos dentro de estas cuatro dimensiones del amor de Dios, y jamás, nada ni nadie, podrá sacarnos de ellas. Sin embargo, sí podemos renunciar a ellas en el ejercicio de nuestro libre albedrío. Por último, este entendimiento nos permite ser llenos de la plenitud de Dios. **"¹⁶A fin de que, conforme a las riquezas de su gloria, les conceda ser fortalecidos con poder por su Espíritu en el hombre interior ¹⁷para que Cristo habite en sus corazones por medio de la fe de modo que, siendo arraigados y fundamentados en amor, ¹⁸ustedes sean plenamente capaces de comprender, junto con todos los santos, cuál es la anchura, la longitud, la altura y la profundidad, ¹⁹y de conocer el amor de Cristo que sobrepasa todo conocimiento para que así sean llenos de toda la plenitud de Dios."** (Efesios 3:16-19 RVA-2015).

3. *Oración para que el amor a Dios abunde en nosotros, que este amor nos impulse a conocerlo cada vez más; este enamoramiento nos llevará al conocimiento, y este conocimiento nos llevará a ser aprobados, llenos de*

frutos de Justicia para honra y gloria de Dios, mas no para ensanchar nuestro orgullo. **⁹Y esta es mi oración: que su amor abunde aún más y más en conocimiento y en todo discernimiento ¹⁰para que aprueben lo mejor, a fin de que sean sinceros e irreprensibles en el día de Cristo, ¹¹llenos del fruto de justicia, fruto que viene por medio de Jesucristo, para gloria y alabanza de Dios."** (Filipenses 1:9-11 RVA-2015).

4. *Oración para que seamos llenos del conocimiento de la voluntad de Dios con sabiduría y comprensión espiritual.* Esto permitirá que nuestro caminar sea digno de Dios y le agrade, que produzcamos mucho fruto y crezcamos en el conocimiento de Dios. Adicionalmente, que seamos fortalecidos con el poder de Dios y que este poder potencialice nuestra capacidad de perseverar con paciencia ante lo que venga. **"Por esta razón también nosotros, desde el día en que lo oímos, no cesamos de orar por ustedes y de rogar que sean llenos del conocimiento de su voluntad en toda sabiduría y plena comprensión espiritual, ¹⁰para que anden como es digno del Señor a fin de agradarle en todo; de manera que produzcan fruto en toda buena obra y que crezcan en el conocimiento de Dios; ¹¹y que sean fortalecidos con todo poder, conforme a su gloriosa potencia, para toda perseverancia y paciencia."** (Colosenses 1:9-11 RVA-2015).

5. *Oración para que seamos llenos de gozo y paz sobrenatural, por el poder del Espíritu Santo.* El gozo sobrenatural es indispensable característica de la vida cristiana. No me refiero a la felicidad que se produce en nosotros por las circunstancias, me refiero al gozo permanente en nuestras vidas, a pesar de las circunstancias. **"Que el Dios de esperanza los llene de todo gozo y paz en el creer, para que abunden en la esperanza por el poder del Espíritu Santo."** (Romanos 15:13 RVA-2015).

6. *Oración por un despliegue de gracia para traer la madurez, tan preciosa y tan poco buscada en la vida cristiana.* Complementar nuestra fe; la fe, como lo hemos dicho, debe crecer de manera exponencial en nuestra vida de oración, como la semilla de mostaza que al sembrarla alcanza a ser un arbusto de buen tamaño que alberga varios ecosistemas; abundar el amor de unos por otros es

clamor de Pablo dirigido al cielo, en amor debemos obrar entre nosotros; lo dicho afianzará nuestro corazón para la venida del Señor, y permitirá que Él nos encuentre irreprensibles, sin fallas ni maquillaje. **[10]De día y de noche imploramos con mucha instancia, a fin de verlos personalmente y completar lo que falta de su fe. [11]¡Que el mismo Dios y Padre nuestro, con nuestro Señor Jesús, nos abra camino hacia ustedes! [12]El Señor los multiplique y los haga abundar en amor unos para con otros y para con todos, tal como nosotros para con ustedes; [13]a fin de confirmar el corazón de ustedes irreprensible en santidad delante de Dios nuestro Padre, en la venida de nuestro Señor Jesús con todos sus santos[as]."** (Tesalonicenses 3:10-13 RVA-2015).

7. *Oración para que nuestro Dios nos haga dignos de su llamamiento.* Cuando somos invitados a una fiesta de traje formal, nuestra vestimenta debe estar acorde con lo establecido en la invitación, de lo contrario nuestro ingreso a la reunión será negado por no estar vestidos para la ocasión. En el caso específico del llamamiento de Dios, debemos estar revestidos de cierta dignidad, la ventaja es que, en este caso, es Dios quien nos viste para la ocasión, vestiduras blancas de perfección son las que Él nos provee. Pero, adicionalmente, a la dignidad requerida, debemos pedir que Él cumpla todo buen propósito y las obras de fe que están señaladas para nosotros antes de la fundación del mundo. Finalmente, hay una gloria preparada para nosotros, cuando modelamos nuestra vida de fe; cuando Jesucristo es glorificado en nuestras vidas, nosotros también lo somos, por la gracia derramada sobre nosotros por el Padre y por nuestro Señor Jesucristo. **"[11]Con este fin oramos siempre por ustedes: para que nuestro Dios los haga dignos de su llamamiento y que él cumpla todo buen propósito y toda obra de fe con poder [12]de manera que el nombre de nuestro Señor Jesús sea glorificado en ustedes, y ustedes en él, según la gracia de nuestro Dios y del Señor Jesucristo."** (Tesalonicenses 1:11-12 RVA-2015).

8. La oración de la Iglesia del primer siglo pedía, buscaba y llamaba en su favor y en contra de aquellos que, con violencia, se oponían

a la extensión del evangelio. Pedían valentía para compartir la palabra; pedían el respaldo de Dios en su tarea, haciendo señales y milagros que eran la marca del evangelio a todo lugar en el que lo proclamaban. Dios confirmaba estos clamores con la llenura del Espíritu Santo, quien les infundía el valor necesario para la tarea, les otorgaba sus dones y cultivaba sus frutos. **"²⁹Y ahora, Señor, mira sus amenazas y concede a tus siervos que hablen tu palabra con toda valentía. ³⁰Extiende tu mano para que sean hechas sanidades, señales y prodigios en el nombre de tu santo Siervo Jesús. ³¹Cuando acabaron de orar, el lugar en donde estaban reunidos tembló, y todos fueron llenos del Espíritu Santo y hablaban la palabra de Dios con valentía." (Hechos 4:29-31 RVA-2015).**

Capítulo 7

EL ESPÍRITU SANTO Y LA ORACIÓN

EL ESPÍRITU Y LA NOVIA

Este capítulo es de gran importancia para nosotros porque nos permite comprender a la persona del Espíritu Santo y su tarea. ¿Quién es y cómo actúa el Espíritu Santo de Dios? Partimos de un axioma popular: *no se puede amar a Dios sin la ayuda de Dios*; no se puede amar al Padre y al Hijo sin la ayuda del Espíritu Santo, el Espíritu Santo es la tercera persona de la Trinidad, es Dios mismo y es el encargado de conquistar nuestro corazón para Dios, es el encargado de mostrarnos la hermosura de Jesucristo y de que experimentemos su amor incondicional. El Espíritu Santo nos seduce, nos enamora nos capacita y, entonces, es posible cumplir el primer mandamiento de amar a Dios con todo nuestro corazón. Desde los albores de la creación, encontramos la participación del Espíritu Santo (el primer verso de la Biblia, señala que el Espíritu de Dios se movía sobre las aguas).

En el Antiguo Testamento, son muchos los relatos en que se menciona la participación del Espíritu Santo en la vida de los patriarcas, profetas, jueces y reyes de Israel, entregando mensajes y dirigiendo sus caminos y los del pueblo de Dios; una de las promesas más importantes de parte de Dios para la humanidad es el derramamiento del Espíritu Santo sobre toda carne cuando llegue el momento histórico planificado por Dios. **"Y después de esto derramaré mi Espíritu sobre toda carne, y profetizarán vuestros**

hijos y vuestras hijas; vuestros ancianos soñarán sueños, y vuestros jóvenes verán visiones." (Joel 2:28 RVR1960).

Si en los relatos del Antiguo Testamento la participación del Espíritu Santo fue importante, en el Nuevo Testamento irrumpe con fuerza y con poder en la vida de Jesús y sus discípulos; desde la concepción virginal, su victoria en el desierto, su ministerio con sanidades y milagros, su muerte y resurrección, y el inicio de la Iglesia, la participación del Espíritu Santo es relevante; a partir del libro de los Hechos de los Apóstoles, el Espíritu Santo toma el protagonismo en la tarea de levantar, fortalecer, perfeccionar y embellecer a la Iglesia, la novia de Cristo. En esta tarea se encuentra hasta el día de hoy, y continuará hasta que entregue a la novia en los brazos de Cristo (en su segunda venida), en el momento que se llama *las bodas del cordero,* cuando el Padre dé la orden al Hijo para tomar a la novia y convertirla en su esposa. A este tiempo y, a nuestro tiempo, hacía referencia el profeta Joel.

Resaltemos la diferencia de la participación del Espíritu Santo en la vida de las personas entre el Antiguo Testamento y el Nuevo Testamento; en el primero, su participación era discreta y puntual, mientras que en el segundo y, hasta ahora, su participación es abundante e integral; ahora trabaja en la vida de millones de cristianos a los que sostiene, aconseja, instruye, etc. Un verdadero derramamiento ha ocurrido y se mantiene en crecimiento hasta la segunda venida del Mesías. Jesucristo advirtió de la importancia del Espíritu Santo en nuestras vidas cuando dijo*:* **"Pero yo os digo la verdad: Os conviene que yo me vaya; porque si no me fuera, el Consolador no vendría a vosotros; mas si me fuere, os lo enviaré." (Juan 16:7 RVR1960).** La presencia del Espíritu Santo en y sobre la Iglesia de Cristo responde a los planes de Dios; el inicio de este derramamiento se conoce como la *fiesta de Pentecostés,* cincuenta días después de la muerte y resurrección de Cristo, el tiempo en que se cumplió lo que Joel había profetizado, Jesucristo dio instrucciones precisas a sus discípulos de permanecer en la ciudad hasta recibirlo. El Espíritu Santo fue y es derramado sobre hombres, mujeres, niños y ancianos, siervas y siervos, sobre toda persona cuyo corazón haya sido transformado por la cruz de Cristo y el mensaje del evangelio, a partir del momento que se describe en Hechos (capitulo dos), alrededor del planeta hemos visto el obrar del Espíritu Santo de manera significativa.

Imaginemos el derramamiento del líquido sobre una superficie y cómo ésta se llena de él y se va expandiendo. El derramamiento del Espíritu Santo comenzó en un aposento de Jerusalén y continúa hoy por todo el planeta en una dimensión desconocida en décadas anteriores. En toda la geografía, sobre todas las razas, sin importar el color de la piel o el idioma, ha sido y es derramado el Espíritu Santo; millones de personas lo hemos recibido y continúa derramándose: en Asia, con gran impacto en Corea y ahora en China, en donde el crecimiento es exponencial; en África, con expresiones poderosas en Mozambique y en Nigeria; en América del Sur, Brasil es un claro ejemplo del derramamiento del Espíritu Santo. En este escenario del final de los tiempos, el protagonista es el Espíritu Santo de Dios, la provisión de Dios para nuestras vidas. Es nuestro consejero, nuestro guía, nuestro auxilio inmediato en los momentos difíciles, adicionalmente es nuestro consolador y nuestro ayudador. Él se encarga de capacitarnos y empoderarnos para la batalla espiritual, para la tarea evangelística y nos prepara para la segunda venida de Cristo. Somos la Iglesia que está siendo capacitada por el Espíritu Santo para prevalecer y vencer **"… y las puertas del Hades no prevalecerá contra ella." (Mateo 16:18 RVR1960)**.

El Espíritu Santo nos entrega dones espirituales a cada uno de nosotros con el propósito de que tengamos recursos para el crecimiento propio y para edificar la Iglesia, estos dones nos permiten ejercer nuestra militancia con poder sobrenatural. **"⁷Pero a cada uno le es dada la manifestación del Espíritu para provecho. ⁸Porque a éste es dada por el Espíritu palabra de sabiduría; a otro, palabra de ciencia según el mismo Espíritu; ⁹a otro, fe por el mismo Espíritu; y a otro, dones de sanidades por el mismo Espíritu. ¹⁰A otro, el hacer milagros; a otro, profecía; a otro, discernimiento de espíritus; a otro, diversos géneros de lenguas; y a otro, interpretación de lenguas. ¹¹Pero todas estas cosas las hace uno y el mismo Espíritu, repartiendo a cada uno en particular como él quiere." (Corintios 12:7-11 RVR1960)**. Es tarea del Espíritu Santo, con nuestra colaboración, transformarnos en imagen y semejanza de Cristo, facultarnos a vivir la vida cristiana con los enunciados del Sermón del Monte.

Una vez restaurado el primer mandamiento de amar a Dios por sobre todo, el segundo mandamiento de amar al prójimo se da como consecuencia de la existencia de una Iglesia llena del Espíritu Santo, porque esta institución muestra sus frutos, es compasiva y misericordiosa con el prójimo, se preocupa por el pobre y oprimido –lo libera–, se preocupa por el enfermo –lo sana–, se preocupa por el hambriento –le da de comer–, hace discípulos entre los hombres y mujeres que encuentra en su camino y participa activamente, a través de su pueblo, en todos los ámbitos del quehacer nacional: educación, gobierno, economía, familia, arte, medios y religión.

Las bodas del Cordero constituyen el desenlace de los tiempos. La Iglesia de Cristo, su novia, ha sido ataviada con manto de santidad para Jesucristo, está siendo preparada por el Espíritu Santo en pureza y amor. Una novia enamorada que ha mostrado su amor por Él en la batalla, y ha mantenido su pureza en medio de la constante tentación, enfocada en su tarea y propósito. **"Gocémonos y alegrémonos y démosle gloria; porque han llegado las bodas del Cordero, y su esposa se ha preparado."** (Apocalipsis 19:7 RVR1960).

Para cerrar esta introducción al presente capítulo, tomemos en cuenta que el Espíritu Santo es la provisión de Dios para nuestra vida de oración. Jesucristo fue el modelo y el Espíritu Santo recrea esa vida de oración en el día a día del cristiano. El más alto grado de identidad del cristiano a través de la eternidad es ser Casa de Oración y Tabernáculo del Dios Viviente, somos la morada del Espíritu Santo de Dios, Él habita en mí y habita en ti; Él es la presencia manifiesta de Dios en nuestra vida, quien nos lleva de triunfo en triunfo y de gloria en gloria.

El sello de separación y pertenencia

Durante el devenir de la historia de la humanidad se han usado sellos y señales para establecer el derecho de propiedad. Pensemos que en toda frontera entre países se han colocado señales que muestran hasta dónde llega la soberanía de una nación; en el último siglo se generó toda una estructura jurídica para proteger las marcas o sellos comerciales que establecen la pertenencia y el origen de ciertos productos y servicios, el derecho de pertenencia; una marca registrada es señal de separación y pertenencia.

El Espíritu Santo, dentro de nosotros, es la marca o el sello que recibimos y es el testimonio vivo de que somos hijos de Dios, es la marca registrada de Dios que establece que hemos sido separados por Él y para

Él, pero también es una señal de pertenencia de la familia de Dios; como hemos dicho, un decreto de adopción se dictó sobre nosotros y, el Espíritu Santo es el sello de identificación de nuestra filiación como hijos de Dios. Nuestra identificación como ciudadanos del Reino de los Cielos está dentro de nosotros, está vivo y se llama Espíritu Santo. **"En él también vosotros, habiendo oído la palabra de verdad, el evangelio de vuestra salvación, y habiendo creído en él, fuisteis sellados con el Espíritu Santo de la promesa." (Efesios 1:13 RVR1960).** La evidencia final de nuestra filiación con el Padre celestial es su Espíritu Santo morando en nosotros; el momento en que nos presentemos delante de Él, cuando dejemos este mundo, el escrutinio no se enfocará en nuestras obras, sino en la presencia del Espíritu Santo en nosotros. Y no es que las obras sean irrelevantes, estas serán relevantes al momento de recibir nuestras coronas; pero, en cuanto a identificación, solo aquellos que tengamos el Espíritu Santo viviendo en nuestro interior seremos aceptados, caso contrario seremos excluidos.

En las salas de embarque de los aeropuertos existen detectores de metal, el resultado de exponerse a estos nos confirma la existencia o no de metales en nuestro cuerpo. Podemos usar esta escena cotidiana para ilustrar el día de nuestra partida de este mundo, en la antesala de la eternidad; transitaremos en medio de un detector del Espíritu Santo, el sonido que emita este detector será la evidencia de su presencia o ausencia en nuestras vidas y, entonces, tomaremos el destino eterno que nos corresponda, una eternidad con Dios y otra sin Él. El escrutinio sorprenderá a propios y extraños, de la misma manera que fueron sorprendidas las cinco vírgenes insensatas de la historia contada por Jesús: **"¹Entonces, el reino de los cielos será semejante a diez vírgenes que tomaron sus lámparas y salieron a recibir al novio. ²Cinco de ellas eran insensatas, y cinco prudentes. ³Cuando las insensatas tomaron sus lámparas, no tomaron consigo aceite; ⁴pero las prudentes tomaron aceite en sus vasijas, juntamente con sus lámparas." (Mateo 25:1-4 RVA-2015).** La provisión del aceite fue la diferencia entre aquellas vírgenes sensatas que tomaron una vasija como reserva y aquellas insensatas que solamente llevaron sus lámparas. **"⁶A la medianoche se oyó gritar: "¡He aquí el novio! ¡Salgan a recibirle!." ⁷Entonces, todas aquellas vírgenes se levantaron y alistaron sus lámparas. ⁸Y las insensatas dijeron a las prudentes: "Dennos de su aceite, porque nuestras lámparas se apagan." (Mateo 25:6-8**

RVR1960). La reserva de aceite, en esta parábola, representa la presencia del Espíritu Santo en las vidas de las doncellas: mientras que unas carecían por completo de este combustible, las otras tenían más que suficiente; es obvio que las unas no podían compartirlo con las otras, porque el Espíritu Santo es una manifestación personal de Dios en nuestras vidas, como lo es el documento de identificación o pasaporte. "**Mientras ellas iban para comprar, llegó el novio; y las preparadas entraron con él a la boda, y se cerró la puerta." (Mateo 25:10 RVR1960).** Me imagino el gozo de las prudentes al ingresar con el novio a la fiesta de bodas. Lo triste es que, para las otras, la puerta se cerró, no me imagino la tristeza y la frustración de las insensatas; ellas también se habían propuesto entrar con el novio a la fiesta de bodas, pero su insensatez se lo impidió. La moraleja de la historia muestra cómo quienes manifiestan la presencia del Espíritu Santo pueden entrar a la fiesta de bodas, mientras que aquellos que carezcan de dicha presencia no entrarán. No habrá argumento que sirva en ese momento, solamente la puerta cerrada y la voz de Dios serán la sentencia por la ausencia del Espíritu Santo en sus vidas. **"[11]Después vinieron también las otras vírgenes, diciendo: ¡Señor, señor, ábrenos! [12]Mas él, respondiendo, dijo: De cierto os digo, que no os conozco." (Mateo 25:11-12 RVR1960).**

Si el Espíritu Santo no mora en nosotros, nuestro cristianismo es falsificado. Nuestro mundo está lleno de falsificaciones, se falsifica el dinero, el arte, las joyas; el mundo de las marcas se ve afectado por las falsificaciones a pesar de estar protegido bajo el amparo de leyes y reglamentos estrictos; los bienes y servicios prestados bajo las marcas registradas son falsificados por personas sin escrúpulos que lucran del engaño; las casas que emiten las monedas de los países, cada día están introduciendo nuevas seguridades dentro de los billetes, marcas de agua y dispositivos para que, quienes lo usamos, podamos distinguir entre el original y el falso; se ven igual pero no lo son, unos son falsos y otros verdaderos; existen mecanismos y procedimientos para distinguir entre lo verdadero y lo falso, se recomienda tomarlos muy en cuenta antes de adquirir o recibir algo.

En el cristianismo sucede lo mismo, coexiste el verdadero y el falsificado; Jesús lo explico de muchas maneras, una de ellas, la parábola del trigo y la cizaña; también advirtió de este fenómeno al hablar de los corderos y los lobos disfrazados dentro de un mismo redil y que habrá una separación en su momento. Jesús mencionó que se puede conocer a sus seguidores por los frutos en su vida, sin embargo, algunos somos expertos en falsificarlos, hay representaciones grotescas de cristianos nominales, así como hay copias casi idénticas en los cristianos religiosos; al final, solo la presencia del Espíritu Santo en nosotros será el sello que distinga al verdadero del falso. **"²²Muchos me dirán en aquel día: Señor, Señor, ¿no profetizamos en tu nombre, y en tu nombre echamos fuera demonios, y en tu nombre hicimos muchos milagros? ²³Y entonces les declararé: Nunca os conocí; apartaos de mí, hacedores de maldad."** (Mateo 7:22-23 RVR60). La marca será la diferencia, la tienes o no la tienes. Aquellas vírgenes que tenían el aceite pudieron encender su lámpara y entrar con el Novio a la fiesta de Bodas, mientras que, aquellas que carecieron de él se quedaron fuera, la tragedia les sobrevino de repente, Jesucristo usa la metáfora del llanto y el crujir de dientes, para ilustrar lo desagradable e incómodo que será estar en esta condición.

En este momento salta la siguiente pregunta: ¿podemos saber de antemano si tenemos el Espíritu Santo en nosotros, antes del desenlace? La respuesta es un rotundo *sí*. **"El Espíritu mismo da testimonio a nuestro espíritu, de que somos hijos de Dios."** (Romanos 8:16 RVR1960). Imaginémonos tener un huésped en casa, no será necesario que nuestros vecinos nos adviertan de su presencia, nosotros lo vamos a saber por la interacción cotidiana con él, coincidiremos en los espacios sociales: comedor, cocina, pasillos e ingresos, encontraríamos sus pertenencias en casa, pero también, sabríamos si el huésped no está y si su ausencia es circunstancial o permanente; en términos generales, su presencia o su ausencia serían evidentes. De la misma manera, la presencia del Espíritu Santo es evidente, pues hay una interacción continua, preguntamos y Él nos responde, lo buscamos y lo encontramos, lo llamamos y Él se manifiesta. Es nuestro amado huésped de quien anhelamos su continua presencia, queremos que se sienta amado, que se encuentre cómodo y que no se vaya nunca.

La presencia del Espíritu Santo es la evidencia final de nuestra filiación como hijos de Dios, pero, adicionalmente, es quien nos mueve, el motor de la vida cristiana; Jesucristo advirtió a sus discípulos que no abandonaran la cuidad mientras no hubieran recibido el Espíritu Santo de la promesa –hasta de no hayamos recibido el poder, la dinamita–. **"Pero** recibiréis poder, cuando haya venido sobre vosotros el Espíritu Santo, y me seréis testigos en Jerusalén, en toda Judea, en Samaria, y hasta lo último de la tierra." (Hechos 1:8 RVR60). La tarea encomendada por Jesús de ir por todas las naciones haciendo discípulos es un trabajo en conjunto, en sociedad, Dios estableció que no lo hagamos solo con fuerzas y capacidades humanas, sino movidos por la fuerza y el poder del Espíritu Santo; el capítulo 2 del mismo libro (Hechos) registra el momento en que esta promesa se hizo efectiva, relata la venida del Espíritu Santo como un viento recio entrando en la casa y lenguas de fuego sobre las cabezas de los que estaban reunidos, ese momento lo conocemos como el nacimiento de la Iglesia; el apóstol Pedro, en su primer discurso, reconoce que el momento histórico sobre el derramamiento del Espíritu Santo había llegado, él y sus compañeros imbuidos por su llenura, habían salido de su escondite, potencializados para la tarea, a partir de ese momento vivimos la era del Espíritu Santo. "**¹⁵Porque éstos no están ebrios, como vosotros suponéis, puesto que es la hora tercera del día. ¹⁶Mas esto es lo dicho por el profeta Joel: ¹⁷Y en los postreros días, dice Dios, Derramaré de mi Espíritu sobre toda carne, Y vuestros hijos y vuestras hijas profetizarán; Vuestros jóvenes verán visiones, Y vuestros ancianos soñarán sueños."** (Hechos 2:15-17 RVR1960).

El Espíritu Santo es el fundamento de una vida de oración. Aunque parezca inverosímil, algunos elementos superficiales de la vida de oración se pueden falsificar, pero el fundamento, de ninguna manera, en la Iglesia convivimos entre lo auténtico y lo falsificado, todos en apariencia iguales, pero no lo somos, Jesús sentado entre sus discípulos les enseñó la parábola del trigo y la cizaña, dijo que un hombre sembró en su campo trigo de buena semilla, su enemigo, amparado por la oscuridad de la noche, hecho cizaña entre el trigo, cuando ambas plantas brotaron, sus labradores advirtieron la presencia de la cizaña junto al trigo y pidieron autorización para arrancarla y dejar solo trigo; sin embargo, el hombre negó el pedido y, al contrario, dio instrucciones de que se dejase crecer a las plantas y, al momento de la cosecha se las separare, a las unas se les destinaría al granero, mientras que a las otras al fuego. **"Dejad crecer juntamente lo uno y lo otro hasta la siega; y al tiempo de la siega yo diré a los segadores: Recoged primero la cizaña, y atadla en manojos para quemarla; pero recoged el trigo en mi granero."** (Mateo 13:30 RVR1960).

La aplicación de esta parábola sobre la Iglesia de Cristo nos permite saber que, Él ha depositado el Espíritu Santo entre su pueblo, y que el enemigo ha puesto su semilla entre el suyo y ambos pueblos nos juntamos en un mismo lugar y realizamos las mismas actividades, con una simple mirada no podemos distinguir entre los unos y los otros; mas Dios, nos apartará a los unos de los otros cuando haya llegado el día señalado, el momento de la siega, ahí se descubrirá nuestro destino final y eterno, si el granero o el fuego.

En este punto, también emerge la siguiente pregunta: ¿podemos nosotros saber si somos trigo o cizaña? Para la gloria de Dios, la respuesta es nuevamente afirmativa, sí; en una conversación registrada en el libro del Apóstol Juan, capítulo 3, versículo 6, Jesús le explica a Nicodemo, un hombre religioso y principal en el templo, la diferencia entre lo verdadero y lo falso: **"Lo que es nacido de la carne, carne es; y lo que es nacido del Espíritu, espíritu es." (Juan 3:6 RVR1960).** Jesús habla del nuevo nacimiento, mientras que Nicodemo no entiende cómo un hombre viejo como él puede volver a nacer; ese nuevo nacimiento lo puede producir únicamente el Espíritu Santo.

Podemos concluir que lo verdadero difiere de lo falso por el fundamento: en el primero, es el Espíritu Santo de Dios, mientras que en el segundo, el fundamento es la voluntad humana –el esfuerzo y el sacrificio personal con la esperanza de ganar principalmente la aceptación del resto de personas y, finalmente, la de Dios–. Es este segundo fundamento –que ubica a los simples mortales *antes* que a Dios– una semilla puesta en el corazón del ser humano por Satanás; el orgullo y la arrogancia disfrazados de piedad, y expresados en logros y estadísticas. En resumen: simple religiosidad.

La vida de oración, aquella que modeló Jesucristo para nosotros, estuvo marcada por la presencia del Espíritu Santo. Nos preguntamos, ¿se puede estar en medio de la congregación sin tener el Espíritu Santo morando en nosotros, sin haber nacido de nuevo? La respuesta es nuevamente afirmativa. **"¹⁴Cuando los apóstoles que estaban en Jerusalén oyeron que Samaria había recibido la palabra de Dios, enviaron allá a Pedro y a Juan; ¹⁵los cuales, habiendo venido, oraron por ellos para que recibiesen el Espíritu Santo; ¹⁶porque aún no había descendido sobre ninguno de ellos, sino que solamente habían sido bautizados en el** nombre de Jesús. [17]Entonces les imponían las manos, y recibían el Espíritu Santo." (Hechos 8:14-17 RVR1960).

Es muy importante que hagamos una evaluación honesta sobre el fundamento de nuestra vida de oración. Si todavía no ha sido el Espíritu Santo, pidámosle a Él que venga, que tome posición, que entre y que lo llene todo, que se convierta en nuestro amigo y consolador, que impulse con fuerza nuestra vida de oración y que forme en nosotros a Jesucristo. "el Espíritu de verdad, al cual el mundo no puede recibir, porque no le ve, ni le conoce; pero vosotros le conocéis, porque mora con vosotros, y estará en vosotros." (Juan 14:17 RVR1960).

De la misma manera en que Jesús de Nazaret recibió al Espíritu Santo de Dios en las orillas del río Jordán, de la manera en que los discípulos recibieron en el aposento alto y aquellos seguidores lo recibieron en Samaria, así mismo nosotros, usted y yo, debemos recibirlo. El Espíritu Santo morando en nosotros es la marca de separación que pone a Dios en nuestro interior y se convierte en el fundamento de la vida de oración del cristiano, aquella que no es falsificada, nos convertimos en templo del Dios viviente y en anfitriones del Espíritu Santo.

El Espíritu Santo, testimonio de la nueva filiación

La vida de oración, más que una relación coyuntural entre el Espíritu Santo y nosotros, es un vínculo eterno y se ampara en un vínculo jurídico reconocido en todas las legislaciones del planeta, es un vínculo que genera derechos y obligaciones entre los vinculados: es la adopción.

El mundo material se rige por leyes físicas, mientras que el mundo espiritual por leyes espirituales; la ley de la gravedad evita que salgamos disparados del planeta Tierra que gira sobre su propio eje a una velocidad aproximada de 1.700 kilómetros por hora; la ley de la siembra y la cosecha que rige el ámbito natural, como el espiritual, dice que todo lo que sembramos eso también cosecharemos; estas leyes han sido establecidas por nuestro Dios como legislador del universo. Adicionalmente, Dios ejerce el gobierno sobre todo lo que existe a través de decretos; el Génesis nos da una muestra de algunos decretos emitidos por Dios: Él dijo hágase esto y hágase lo otro y, tal como lo dijo, sucedió. **"Y dijo Dios: Sea la luz; y fue la luz."** (Génesis 1:3 RVR1960). Pero nuestro Dios también imparte justicia sobre todo lo que existe. Sus resoluciones vienen a través de sentencias, Él juzga a personas, pueblos y naciones en el ámbito terrenal, y sobre las potestades y principados en el ámbito espiritual: **"por cuanto todos pecaron, y están destituidos de la gloria de Dios."** (Romanos 3:23 RVR1960).

Sobre la humanidad en el ámbito material y, sobre Satanás en el ámbito espiritual, recae una sentencia de muerte y otra de destrucción, respectivamente. Ambas están fundamentadas en la desobediencia de los primeros y en la rebelión del segundo. En el caso de los hombres y mujeres de oración, la sentencia de muerte se ejecutó sobre el sustituto previsto por Dios, Jesucristo fue señalado para cumplir la sentencia de muerte sustituyéndonos en la cruz, Él ocupo nuestro lugar y murió; por tanto, ya no nos corresponde ser ejecutados. En derecho, hay un principio que sostiene que una persona no puede ser juzgada dos veces por el mismo delito. **"Porque esto es mi sangre del nuevo pacto, que por muchos es derramada para remisión de los pecados."** (Mateo 26:28 RVR1960). Sobre Él se ejecutó la sentencia de muerte y la justicia fue cumplida a cabalidad. Jesucristo nos abre la puerta para que Dios ejecute sobre nosotros el decreto de adopción que había establecido previamente. **"En amor nos predestinó por medio de Jesucristo para adopción como hijos suyos, según el beneplácito de su voluntad."** (Efesios 1:5 RVA-2015). Esa es una provisión asombrosa que debemos concientizar en nosotros. No solamente que ya no somos reos de condenación y muerte, sino que tomamos un nuevo régimen de familia, recibimos la filiación como hijos, adquirimos derechos y obligaciones por adopción. Es fácil entender este concepto, porque todas las legislaciones del mundo, desde épocas antiguas, consideran a la adopción como un mecanismo para relacionar a un niño que no es nacido de su simiente con una familia, con un padre, una madre y sus hijos. La adopción alcanza su punto máximo de aplicación cuando el adoptado recibe la condición de coheredero con los hijos de la familia: sus hermanos.

El regalo más grande, después del Espíritu Santo, ha sido mi hija Ana, de no haber sido por el régimen legal de adopción que rige en nuestro país, ella no habría sido nuestra hija y nosotros no habríamos podido ser sus padres; mas por adopción, desde hace 15 años, ella me dice papá y yo la llamo hija, ella será la heredera de mis bienes y sucesora de mi apellido; Ana Manuela tiene un documento de identidad que la identifica como nuestra hija. Dichosos quienes conocemos de primera mano el régimen de adopción, pues nos es más fácil entender que somos adoptados por Dios; la adopción es la resolución emitida por un juez competente en la que se establece la paternidad de una persona sobre un menor de edad, el menor de edad obtiene una nueva identidad al amparo de su(s) padre(s) adoptivo(s), a dicha resolución se la conoce como *sentencia de adopción* y le confiere al niño todos los derechos y obligaciones de hijo; mientras que los padres obtienen derechos y obligaciones sobre el hijo adoptado. La figura del hijo adoptivo se asimila a la del hijo biológico al punto de llegar a tener derechos sobre el patrimonio de su(s) padre(s), a heredar los bienes del patrimonio familiar; no tenemos un documento de nuestra filiación celestial, sin embargo, tenemos morando en nosotros al Espíritu Santo enviado como testimonio de esa adopción. **"Pues no habéis recibido el espíritu de esclavitud para estar otra vez en temor, sino que habéis recibido el espíritu de adopción, por el cual clamamos: ¡Abba, Padre!"** **(Romanos 8:15 RVR1960).** Es pues, el Espíritu Santo el testimonio de nuestra nueva identidad y nos permite primero saber quiénes somos y, luego, comportarnos como hijos y coherederos con Cristo. Me impresiona la seguridad que tiene un hijo adoptivo de su filiación a medida que el tiempo pasa y los lazos familiares se estrechan con sus padres adoptivos y sus familias extendidas; su identidad como hijos se va afirmando, y entonces su comportamiento es el de todo hijo. Ya no somos huérfanos, ahora somos hijos del Dios Altísimo, y coherederos con Cristo del Reino de los Cielos, príncipes y princesas del Reino de Dios. **"Y si hijos, también herederos; herederos de Dios y coherederos con Cristo." (Romanos 8:17 RVR1960).**

Provisión de Dios. Revela identidad, propósito y herramientas

El Espíritu Santo es la provisión de nuestro Padre celestial, el mayor regalo para la Iglesia —después de Jesucristo—, es quien implementa e impulsa nuestra vida de oración, es el poder detrás de nuestras acciones. **"Pues si vosotros, siendo malos, sabéis dar buenas dádivas a vuestros hijos, ¿cuánto más vuestro Padre celestial dará el Espíritu Santo a los que se lo pidan?" (Lucas 11:13 RVR1960).** El Espíritu Santo de Dios en nosotros revela nuestra identidad en Cristo, nuestro propósito en la vida y despliega las herramientas necesarias para andar como hijos de Dios. ¿Quiénes somos en Cristo? ¿Cuál es el propósito de Dios para nuestras vidas? ¿Qué herramientas tenemos?

Identidad

"Mas vosotros sois linaje escogido, real sacerdocio, nación santa, pueblo adquirido por Dios, para que anunciéis las virtudes de aquel que os llamó de las tinieblas a su luz admirable." (Pedro 2:9 RVR1960). El apóstol Pedro menciona uno de los propósitos por los que fuimos escogidos por Dios; dicho propósito es anunciar las virtudes de nuestro amado Señor, quién nos trajo desde las tinieblas hasta su luz admirable. Esta tarea no se puede cumplir mientras que no esté clara tu identidad. Mientras que no entiendas tu identidad de príncipe del Reino de los Cielos, no puedes comportarte como tal, el Espíritu Santo es el encargado de revelarla para nosotros; Él es como un tutor que instruye al príncipe acerca de quién es y cómo debe comportarse, partiendo de la base de su identidad, seguida de sus tareas y roles. Toma tiempo y mucho esfuerzo del Espíritu Santo porque debe derribar esquemas mentales establecidos, que se levantan en contra del conocimiento de Dios; el Espíritu Santo quita lo deficiente y pone lo nuevo, y esto, a su vez, modifica nuestro comportamiento. Entender nuestra condición de hijos de Dios nos lleva a comportarnos como tales. Aclaremos que esta transformación es un proceso, Él no lo hace de la noche a la mañana pues, rompería el principio del libre albedrío; los cambios en nuestra estructura mental se producen por un trabajo en sociedad entre Espíritu Santo y cada uno de nosotros.

Propósito

En la medida en que nos enseña quiénes somos en Cristo (identidad), el Espíritu Santo va descargando en nosotros también nuestro propósito. Pablo escribe: **"²⁷Vosotros, pues, sois el cuerpo de Cristo, y miembros cada uno en particular. ²⁸Y a unos puso Dios en la iglesia, primeramente apóstoles, luego profetas, lo tercero maestros, luego los que hacen milagros, después los que sanan, los que ayudan, los que administran, los que tienen don de lenguas. ²⁹¿Son todos apóstoles? ¿son todos profetas? ¿todos maestros? ¿hacen todos milagros? ³⁰¿Tienen todos** dones de sanidad? ¿hablan todos lenguas? ¿interpretan todos?" (Corintios 12:27-30 RVR1960). Partimos de que todos somos miembros y partes del cuerpo de Cristo, actuamos en sincronía, cada parte cumple su propósito, de esta manera el cuerpo camina y se mueve con seguridad, en la confianza de que cada uno cumple su parte. Hay oficios, roles y tareas asignadas a cada propósito: 1. Apóstoles, 2. Profetas, 3. Maestros, 4. Los que hacen milagros, 5. Los que sanan, 6. Los que ayudan, 7. Los que administran, 8. Los que tienen don de lenguas. Cada oficio, rol o tarea está encaminado a cumplir el propósito general, la edificación del cuerpo de Cristo; pero, fuera de la Iglesia, hay propósitos particulares para cada uno de nosotros, y son asignaciones personales que el Espíritu Santo nos entrega para la vida en familia, en el trabajo, en los ámbitos en que debemos ser influencia: arte, economía, educación, comercio, gobierno, etc.

Herramientas

Por otro lado, la identidad y el propósito quedarían frustrados si no los recibiésemos juntamente con las herramientas necesarias; si fuésemos carpinteros y nos piden construir mesas, necesitaremos la madera, un serrucho, un martillo, los clavos, etc.; nosotros prestamos la mano de obra para esto. "**7Pero a cada uno le es dada la manifestación del Espíritu para provecho. 8Porque a éste es dada por el Espíritu palabra de sabiduría; a otro, palabra de ciencia según el mismo Espíritu; 9a otro, fe por el mismo Espíritu; y a otro, dones de sanidades por el mismo Espíritu. 10A otro, el hacer milagros; a otro, profecía; a otro, discernimiento de espíritus; a otro, diversos géneros de lenguas; y a otro, interpretación de lenguas. 11Pero todas estas cosas las hace uno y el mismo Espíritu, repartiendo a cada uno en particular como él quiere.**" (Corintios 12:7-11 RVR1960). El Espíritu Santo nos provee de estas herramientas como regalos o dones que siempre estarán relacionados con el oficio encargado. Esto no quiere decir que, eventualmente, no podamos realizar actividades enmarcadas en un oficio que no sea el nuestro; por ejemplo, si eres un maestro, puedes dar una palabra de ciencia. De igual manera, sin que tengas el oficio de profeta, lo puedes ejercer sin ningún problema, siempre que sea bajo la dirección del Espíritu Santo.

Déjenme enunciar las herramientas y, aunque no podamos extendernos en la explicación de cada una de ellas, al menos ponerlas en detalle.

Tenemos la posibilidad de recibir al menos una de estas, sin embargo, conociendo la generosidad del Espíritu Santo, la posibilidad de recibir dos o más de ellas es real: 1. Palabra de sabiduría, 2. Palabra de ciencia, 3. Fe, 4. Dones de sanidad (preste atención al plural), 4. Hacer milagros, 5. Profecía, 6. Discernimiento de espíritus, 7. Diversos géneros de lenguas, 8. Interpretación de lenguas.

Imaginémonos a cada uno de nosotros usando las herramientas que el Espíritu Santo nos da como regalo; debemos valorar quienes somos (identidad), los roles u oficios asignados (propósitos), y los dones recibidos (herramientas); la humanidad entera y la creación esperan con ansia la manifestación de los hijos de Dios, hemos sido enviados y capacitados para obrar en un mundo de tinieblas para traer la luz de Jesús, más aún si usamos las herramientas para transformar nuestro entorno. Personalmente, me llama la atención los dones de sanidad porque la descripción en plural nos enseña que son varios, imagino que se refieren a sanar distintas enfermedades; así como tenemos médicos especialistas, así mismo, nosotros podríamos ser especialistas en la sanidad de enfermedades respiratorias o del tracto digestivo y así sucesivamente. Será bueno preguntarnos ¿cuáles son los dones (herramientas) con que el Espíritu Santo nos ha capacitado? Así podríamos poner manos a la obra.

El Espíritu Santo y Jesús

Jesús modeló para nosotros la relación con el Espíritu Santo de Dios, a pesar de haber sido una relación que ha durado por la eternidad. Recordemos que Jesús se despojó de su deidad para encarnarse en el vientre de María y entrar en este mundo de la misma forma en que lo hacemos nosotros: como un ser humano común y corriente. Así mismo, se despojó de su poder y autoridad, lo que le permitió vivir como lo hacemos nosotros, necesitado de Dios y, principalmente, de la asistencia del Espíritu Santo.

Es importante mencionar que Jesús, luego de cumplir con su asignación, recuperó su autoridad y su poder; el Espíritu Santo lo resucitó de entre los muertos y fue escoltado por las huestes celestiales hasta el Trono de Dios, ante su Padre, quien restituyó todas esas facultades de las que se despojó, para luego sentarlo a su diestra para gobernar sobre todo lo que existe hasta cuando vuelva a la tierra como Rey y Señor de todo. Por tanto,

Jesucristo necesitó del Espíritu Santo como lo necesitamos nosotros; así como Jesús depositó toda su confianza y dependencia, es importante que nosotros hagamos lo mismo. No podemos vivir la vida de oración fuera de la dependencia absoluta del Espíritu Santo.

Conocemos que Jesús recibió al Espíritu Santo en el río Jordán al momento de ser bautizado. **"²¹Aconteció que, en el tiempo en que todo el pueblo era bautizado, también Jesús fue bautizado. Y mientras oraba, el cielo fue abierto ²²y el Espíritu Santo descendió sobre él en forma corporal, como paloma. Luego vino una voz del cielo: 'Tú eres mi Hijo amado; en ti tengo complacencia'."** (Lucas 3:21-22 RVA-2015). Cuando Jesús llegó al Jordán, Juan el Bautista lo reconoció y, en principio, se rehusó a bautizarlo, mas Jesús insistió, pues necesitaba recibir al Espíritu Santo de Dios para la tarea que debía cumplir. Continúa el relato con los cielos abiertos y el Espíritu Santo descendiendo sobre Él en forma de una paloma, cierra el escritor con la voz de Dios (el Padre) declarando la identidad del Hijo amado, en quien se complace sobremanera.

En uno de los diálogos más importantes registrados en el Nuevo Testamento, Jesús dice: **"¹El Espíritu de Jehová el Señor está sobre mí, porque me ungió Jehová; me ha enviado a predicar buenas nuevas a los abatidos, a vendar a los quebrantados de corazón, a publicar libertad a los cautivos, y a los presos apertura de la cárcel; ²a proclamar el año de la buena voluntad de Jehová, y el día de venganza del Dios nuestro; a consolar a todos los enlutados; ³a ordenar que a los afligidos de Sion se les dé gloria en lugar de ceniza, óleo de gozo en lugar de luto, manto de alegría en lugar del espíritu angustiado; y serán llamados árboles de justicia, plantío de Jehová, para gloria suya. ⁴Reedificarán las ruinas antiguas, y levantarán los asolamientos primeros, y restaurarán las ciudades arruinadas, los escombros de muchas generaciones."** (Isaías 61:1-4 RVR1960). La mayoría de los judíos desconocieron lo que pasó en el Jordán, por tanto, Jesús lo expresó para que todos supieran que el ministerio de Jesús no era una tarea de hombre, sino de Dios a través de la tercera persona de la Trinidad, el Espíritu Santo.

Los cielos abiertos fueron la manifestación de respaldo irrestricto del Padre con la tarea encomendada a su hijo Jesucristo, todo lo que está en el cielo lo puso a disposición de su Hijo amado; en adelante, Jesús extraerá del cielo la provisión suficiente para cumplir la tarea establecida para Él.

Cabe resaltar que los cielos no se volvieron a cerrar y continuaron abiertos para Jesús durante todo el tiempo que duró su ministerio, y ahora, para nosotros, para que podamos cumplir nuestra asignación con la misma provisión que recibió el mismo Jesús. El Espíritu Santo se constituyó en el poder detrás de las acciones de Jesús, el Hijo vino a establecer el Reino de los Cielos en la tierra y el Espíritu Santo fue el poder que desplegó para someter al enemigo, quien había usurpado el poder y la autoridad sobre ella.

En la Segunda Guerra Mundial, los aliados establecieron un puesto de avanzada que se llamó Cabeza de Playa. Este punto, ubicado en las playas de Normandía, se convirtió en estratégico para el ingreso permanentemente de soldados, máquinas y pertrechos que permitieron a los Aliados penetrar las líneas alemanas, entrar en Europa y ganar la guerra. Ese punto se transformó en vital para los aliados, por lo tanto, para los alemanes se convirtió en un objetivo de ataque constante. Si el ejército de Hitler hubiese logrado anular aquella posición de desembarque aliado, el desenlace de la Segunda Guerra Mundial habría sido distinto. Sabemos que esa línea de provisión estaba guardada por los aliados con barcos de guerra y aviones para mantener el flujo constante de ayuda.

Algo parecido sucedió con la llegada del Mesías, en el relato del nacimiento de Jesús se da a conocer de huestes celestiales (la unión de varios ejércitos), miles y miles de ángeles que sitiaron la zona geográfica circundante al pueblo de Belén. Los cielos abiertos sobre el territorio de Israel permitieron que del cielo llegara la provisión de Dios para atraer el Reino de los Cielos a la tierra; la estrategia fue perfecta y la muestra de aquello es el Cristo resucitado, victorioso sobre Satanás, la muerte y el mundo. La corona de laurel al vencedor, el sitio de privilegio y autoridad junto al trono del Padre. **"He aquí mi siervo, yo le sostendré; mi escogido, en quien mi alma tiene contentamiento; he puesto sobre él mi Espíritu; él traerá justicia a las naciones." (Isaías 42:1 RVR1960).**

A partir de que Jesús recibió el Espíritu Santo, su ministerio prosperó, partiendo de su victoria sobre Satanás en el desierto y en cada uno de los milagros en los que se evidenció la sobrenaturalidad de sus hechos. De la misma manera, nuestra vida, a partir de recibir el Espíritu Santo de Dios, debe mostrar la misma sobrenaturalidad que hubo en Jesús, pues hemos recibido el mismo Espíritu que recibió Jesús a orillas del Jordán. La prueba de una vida de oración será entonces la manifestación de los dones del Espíritu: paz, paciencia, benignidad, mansedumbre, templanza, entre otros.

Asistencia 24/7

La asistencia 24/7 es un servicio permanente que se desarrolla en muchos ámbitos del quehacer cotidiano, es parte de la postventa de muchos bienes y servicios, es fácil entender, pues se ha generalizado en nuestra cultura. Usemos esta asistencia como analogía para entender la tarea que el Espíritu Santo realiza en nosotros de forma continua. Jesús explica a sus discípulos que es conveniente que Él se vaya, porque si lo hace, el Espíritu Santo vendrá para estar con nosotros para siempre. Jesús en su forma humana no podía estar en todas partes y con todos, por su parte, el Espíritu Santo sí, Él mora en cada uno de nosotros y lo hará para siempre. En el tiempo de Pentecostés, la fiesta judía, el Espíritu Santo fue derramado sobre los apóstoles y discípulos de Cristo, tal y como lo había anunciado el profeta ya citado en este capítulo (**Joel 2:28**). A partir de ese momento, el Espíritu Santo se constituyó en el protagonista de esta era de la Iglesia, en un trabajo personal con cada uno de nosotros, nos revela nuestra identidad, nuestro destino y nos entrega las herramientas que necesitamos.

Jesús reconoce algunas tareas encomendadas al Espíritu Santo. "**Pero cuando venga el Consolador, a quien yo os enviaré del Padre, el Espíritu de verdad, el cual procede del Padre, él dará testimonio acerca de mí.**" (**Juan 15:26 RVR1960**). La enseñanza sobre Jesús es tarea del Espíritu Santo, pues Él tiene información confiable y de primera mano. No quiero desmerecer ni la tarea ni los recursos de la Iglesia en cuanto a la enseñanza sobre Jesús, es una buena fuente de información y podemos confiar en que el material de estudio ha sido cuidadosamente seleccionado y expuesto, sin embargo, no podemos comparar con la enseñanza que, sobre Jesús, tiene el Espíritu Santo y está a nuestra disposición a través de las jornadas de intimidad con Él. "**9Antes bien, como está escrito: Cosas que ojo no vio, ni oído oyó, Ni han subido en corazón de hombre, Son las que Dios ha preparado para los que le aman. 10Pero Dios nos las reveló a nosotros por el Espíritu; porque el Espíritu todo lo escudriña, aun lo profundo de Dios 11 Porque ¿quién de los hombres** sabe las cosas del hombre, sino el espíritu del hombre que está en él? Así tampoco nadie conoció las cosas de Dios, sino el Espíritu de Dios." (Corintios 2:9-11 RVR1960). En este punto, Pablo lo explica mejor que yo, el conocimiento que el Espíritu Santo nos transmite acerca de Jesucristo proviene de la intimidad entre los miembros de la Trinidad, es un conocimiento grandioso que nadie más tiene, excepto Él. Nuestros materiales de estudio son creados a partir del conocimiento que adquirimos como hombres, en nuestras limitaciones, el material del Espíritu Santo viene de la comprensión que tiene de escudriñar lo profundo de Dios, siendo Él también Dios, es decir, parte de la Trinidad. Si me preguntan de quién quiero el conocimiento, la respuesta es indubitable: del Espíritu Santo de Dios.

Así mismo, el Espíritu Santo es nuestra ayuda en las debilidades, nuestra naturaleza humana nos pone muchas veces en encrucijadas y no sabemos por dónde seguir, hay circunstancias en que nos encontramos entre la espada y la pared, y Él nos rescata. "²⁶Y de igual manera el Espíritu nos ayuda en nuestra debilidad; pues qué hemos de pedir como conviene, no lo sabemos, pero el Espíritu mismo intercede por nosotros con gemidos indecibles. ²⁷Mas el que escudriña los corazones sabe cuál es la intención del Espíritu, porque conforme a la voluntad de Dios intercede por los santos." (Romanos 8:26-27 RVR1960). Es una tarea doble en nuestro favor: ayuda en nuestra debilidad e intercede por nosotros conforme a la voluntad de Dios. En muchos pasajes de nuestra vida de oración, desconocemos la voluntad específica de Dios para el momento, sin embargo, el Espíritu Santo la discierne e intercede por nosotros de acuerdo a la voluntad de Dios. Tremenda ventaja competitiva, muchas veces no sabemos, pero tenemos la certeza de que es para nuestro bien; lo hace en un lenguaje ininteligible para nosotros, es como ser llevados por un lazarillo, caminando a ciegas, pero confiando en el Guía —ya que conoce exactamente por dónde debe llevarnos—.

También, el Espíritu Santo es quien nos asiste en la relación con el Padre y con el Hijo, es Él quien se convierte en nuestro acceso a ambos; podemos acudir ante el mismo trono celestial pues, tenemos el acceso garantizado con el Espíritu Santo. "¹⁷Y vino y anunció las buenas nuevas de paz a vosotros que estabais lejos, y a los que estaban cerca; porque por medio de él los unos y los otros tenemos entrada por un mismo Espíritu al Padre." (Efesios 2:18 RVR1960).

Hay muchas referencias en las que se mencionan las tareas del Espíritu Santo en nuestra relación con Dios, podemos concluir que se trata de una amistad muy cercana y una sociedad sólida para tareas conjuntas, es una unión firme y fuerte que nos permite tener propósitos comunes hasta formar un solo pensamiento. En esta unidad entre el Espíritu Santo y nosotros, construimos nuestro futuro, desarrollamos el ministerio de reconciliación, y, finalmente, levantamos un clamor conjunto que devela nuestro anhelo de que Jesucristo regrese: "Y el Espíritu y la Esposa dicen: Ven. Y el que oye, diga: Ven." (Apocalipsis 22:17 RVR1960).

Epílogo

Orar a Dios es más que utilizar palabras para exponer nuestro caso, es más que pronunciar frases ante alguien que no conoces y sin saber quién eres. Orar a Dios es experimentar una forma de vida que abarca todo: lo superficial y lo profundo, lo tangible y lo intangible, lo trascendente y lo intrascendente, el dolor y la alegría, lo alto y lo bajo, en todas las áreas de nuestras vidas: el trabajo, la familia, las relaciones humanas, los negocios, la profesión, el entretenimiento, los estudios, la religión, las finanzas, etc. Jesucristo modeló esta vida de oración para nosotros, por ello no podemos simplemente ignorarlo y establecer nuestro propio destino a través de monólogos, ya que estos vuelven incierto al devenir y lo enmarcan en formas y momentos sin verdadera realización. A la vida de oración la saboreas, la disfrutas, la experimentas, la compartes cuando encuentras nuestra esencia en la intimidad con el Padre, a los pies de Cristo y en sintonía con el Espíritu Santo; cuando nos convertimos en cercanos, en Huerto Cerrado para Dios, cuando atesoramos los encuentros, como los amantes que se buscan en los rincones apartados para deleitarse en el momento de amor apasionado; cuando la palabra de Dios se convierte en la lluvia que cae del cielo, prepara nuestro ser y luego siembra y cultiva abundancia de frutos y dones que Él nos permite consumir y compartir; cuando hemos construido una fe que llena nuestra vida de certezas y convicciones, que glorifica a Dios y ayuda a nuestro prójimo; cuando encontramos nuestra ubicación en los brazos del Padre celestial y la posición a los pies de Cristo, que nos permite recibir la provisión de Dios en toda circunstancia; cuando entendemos que fuimos escogidos por el Padre, purificados por el Hijo y, que estamos en un proceso de perfeccionamiento con la guía y el poder del Espíritu Santo; cuando aprendemos quiénes somos en Cristo y a comportarnos como hijos de Dios, haciendo justicia y otorgando misericordia; cuando entendemos que la petición en nuestros labios es el mecanismo establecido por Dios para recibir de Él todo lo que tiene en reserva para nosotros, —son regalos que debemos aprender a pedir, porque caso contrario, no los recibiremos—. Por último, consideramos que somos anfitriones permanentes del Espíritu Santo y que debemos atesorar su amistad y su tarea, Él es el sello de pertenencia de nuestra identidad y el responsable de nuestra edificación, hasta el día en que podamos interpretar el clamor por el regreso del Amado, el que prepara y viste a la novia para la fiesta de bodas.

A esta vida de oración se la experimenta y se la modela de la misma manera en que la vivió y la modeló nuestro amado Jesucristo; esta misma vida que nos costará la crítica, el desprecio de propios y extraños y, probablemente, la muerte en manos quienes dirán obrar en justicia; pero que merece ser vivida por el gozo que proporciona la fortaleza interior que atesoramos.

Esta vida de oración no es opcional para el cristiano, ya que es la única manera de honrar el sacrificio realizado por Jesucristo en la cruz, la única forma de que el derramamiento de su sangre haya valido la pena; una forma de vida en menor intensidad es un engaño de nuestro enemigo que busca robar, matar y destruir. Por último, una vida de oración constituye la forma de amar a Dios con la intensidad requerida por Él en su primer mandamiento.

Es muy importante cambiar nuestro paradigma de oración,
y de rodillas pedirle ENSÉÑANOS A ORAR.

Printed in the United States
By Bookmasters